光尘
LUXOPUS

孩子的品格

写给父母的积极心理学

彭凯平　闫伟 ◎著

中信出版集团 | 北京

图书在版编目（CIP）数据

孩子的品格：写给父母的积极心理学 / 彭凯平，闫伟著 .-- 北京：中信出版社，2021.8（2025.12重印）
ISBN 978-7-5217-3125-5

Ⅰ.①孩… Ⅱ.①彭… ②闫… Ⅲ.①儿童教育–家庭教育 Ⅳ.① G782

中国版本图书馆 CIP 数据核字（2021）第 081600 号

孩子的品格——写给父母的积极心理学

著　　者：彭凯平　闫伟
出版发行：中信出版集团股份有限公司
（北京市朝阳区东三环北路 27 号嘉铭中心　邮编　100020）
承 印 者：北京中科印刷有限公司

开　　本：880mm × 1230mm　1/32　　印　　张：10.5　　字　　数：245 千字
版　　次：2021 年 8 月第 1 版　　印　　次：2025 年 12 月第 45 次印刷
书　　号：ISBN 978-7-5217-3125-5
定　　价：59.00 元

服务热线：400-600-8099
投稿邮箱：author@citicpub.com

目 录

第三章

抗逆力

给孩子一颗强大的心脏

第四章

自我效能感

帮孩子确立“我能行”的人生态度

第五章

自控力
让孩子学会为自己的人生负责

第六章

天赋优势
激发孩子的内在潜能

第七章 专注力

让孩子在投入中体会幸福

第八章 善良

锻造孩子真正的竞争力

第九章

“王者之力” 面向未来的核心竞争力

序言 积极的孩子掌控自己的人生

2019 年秋天的一个深夜，我突然接到北京某所大学心理中心的一位老师的电话。电话里，这位老师焦急万分。他告诉我，就在不久前，有一个学生企图自杀，幸亏被同学及时发现并制止。人虽然没事，但这件事实在是把大家吓到了。班主任在学生的笔记本上发现了我的名字和电话号码，所以决定联系我，看我能不能为这个学生提供一些帮助。

挂掉电话，我马上赶去见这个学生。他告诉我，他知道我是清华大学心理学系主任，也知道我从事积极心理学的教学和研究，虽然不认识我，也没上过我的课，但觉得积极心理学也许能帮助他解决自己的问题。

我问他到底出了什么问题，要走到自杀这一步。这个孩子告诉我，他一直想做一个好孩子，听妈妈的话，努力学习，现在终于考上了重点大学。可是，他并不喜欢妈妈让他学的专业。他一直想学习哲学或者心理学，但周围的人都觉得读文科以后不好找工作，妈妈希望他可以学理科，他就乖乖听话，选择了一个自己根本不喜欢，但大家都觉得很“高大上”的专业。然而在学习过程中，他越学越苦闷，越来越失望。最后，他实在是熬不下去了，再也不想做自己不喜欢的事了。他要永远摆脱外力强加给自己的所谓“理想”。我听后感慨万分，心里很不是滋味。如果孩子的父母知道是这样的原因导致孩子轻生，不知会做何感想。但我确信，他的父母一定很难理解，也无法想象孩子轻生的原因居然是自己望子成龙。

后来，我见到了孩子的妈妈，跟她沟通了孩子成长中的一些经历。妈妈坚持认为：“严格的要求，做社会需要你做的事，不就是教育的真正目的吗？教育难道不是培养孩子的各种学习技能，考上好大学，找到好工作吗？”而且，当这位妈妈听我说到积极心理学所提倡的积极教育后，更是嗤之以鼻，甚至狭隘地认为所谓积极教育就是让孩子傻乐，将来一事无成。

事实上，类似这样的教育模式在我们身边十分普遍。有多少孩子，做的都是父母让他们做的事，学的是父母看好的专业，几乎所有努力都是为了取悦他人。甚至在社会上，也有一种根深蒂固的文化对此推崇备至。比如，有多少孩子就是这样被父母从小牵着小手，奔走于各种补习班、课外班。他们的教育理念已不再是“笨鸟先飞”，而是“是不是只鸟，都要先飞”。这种教育价值观堂而皇之地左右了很多家庭的价值取向，把孩子推向了高压状态。然而，这真的是为孩子好吗？或者说，这样的教育方式真的是孩子需要的吗？这种方式教育出来的孩子，真的是我们希望培养的吗？

我们该如何爱孩子

还记得前些年热映的电影《银河补习班》吗？电影中有一个镜头让我印象深刻，就是高考结束后，毕业生们把各种复习资料与书本都撕得粉碎，然后从楼上抛撒下来，蔚为壮观，校长却说这是每年一度的学生的传统节日。电影虽然有艺术加工的成分，但是高考后或者大学毕业后，我就亲眼看到一些孩子把自己的书本扔进垃圾桶。我曾问过其中一个孩子为什么这么做。这个孩子说："我都毕业了，留这些书还有什么用？还占地方……"

这就是国家、社会、家庭花了大把时间、付出精力教出来的孩子吗？这样的孩子可能从来没有想过，或者也从来没有人告诉过他们，学习究竟意味着什么。他们把知识和书本当成应付考试的工具，把学习当成限制他们幸福快乐的枷锁，一旦毕业就头也不回地逃离。

这是一个十分可悲的恶性循环：不懂教育的本质的家长与老师"培养"出不懂教育意义的学生；这些学生进入社会，开始工作，也不懂得如何把教育的内在动因转化为人生动能；这些人成为父母后再把自己曾经对学习与教育的厌恶传递给他们的孩子，周而复始。

经济合作与发展组织每隔两三年就要在全球 88 个国家开展一

次大型的国际学生评估项目调查。最近的一次调查是在 2018 年。研究人员发现，在 88 个国家中，中国孩子的学习时间全球最长，远远超过排名第二位的国家，而且课外学习的时间也很长。但是，中国学生的学习效率很低，排名十分靠后。同时，中国学生的合作能力与创新能力排名也不高。

我们的教育到底出了什么问题？难道我们不能开展一种让孩子开心、让家长满意、让教师这个职业更加令人向往和尊重的教育吗？我们的教育为什么一定要与痛苦为伴？为什么不能让教育更积极、更幸福？

积极教育是通过关注人心中的善良天性、人类社会的正能量，以及我们共同具备的灵性、悟性、善意和德行等，对孩子进行积极、正向的教育。积极心理学家相信，每个人身上都有美好、善良的种子，而积极心理学家所研究和探索的，就是怎样发现并培育这些美好的特质，最终让每个人都能过上幸福而有意义的人生。学习也是人的一种积极天性，因为学习，人类从进化的土壤上站立起来，也是因为学习，人类才得以创造今天灿烂的文明。简而言之，幸福、有意义的人生是积极学习的结果，而积极心理学家的工作就是用科学的方法寻找获得这个结果的真正原因是什么，以及怎样用科学的方法“培育”这些“原因”，使之真正开花结果。

对于我个人来说，我是一个长期在讲台上与学生们探索什么是真正的幸福、什么是科学发展观、什么是积极的心理、什么造就了文化差异等专题的教师，但是我更希望我的学生能懂得人为什么学习，为什么能够学习，为什么能够通过学习成就生命。为师者的使命是传道、授业、解惑，这么多年来，我一直在思考如何向为学者提供一个更加清晰、正确的学习观念。

从本质上，学习是多元的，学习也无处不在。书本学习与生活学习同样重要，也同样需要创造丰厚的条件。如果两者失衡，那么就会造成一种误解，让人们认为学习就是读书、考试、做题，把学习狭隘定义为“青灯古佛”的状态。这对于正处于最蓬勃的生命阶段的孩子们来说，显然是痛苦的。

事实上，要解决知识与技术层面上的困惑并不难，尤其在今天这样一个互联互通的信息时代，人们获得知识的途径又多又简单。真正的困惑往往源自生命的意义、个体的成就感与投入之间的比例，以及变化无常的情绪和复杂的人际关系方面的困扰。这些困扰虽然看不见、摸不着，却实实在在影响一个人真实的幸福与未来的发展，而这些恰恰是被我们的教育系统（无论是学校、家庭，还是社会）忽视的。而我的使命就是将这些曾经那么不可捉摸又“让我欢喜让我忧”的体验变成可以被人们证明与计量的科学结论，从而让更多从事教育工作的人、家长，还有孩子知道：教育之于人也可以是积极、快乐、幸福、有境界、有活力、有深远意义的。这是我和我的团队以及全世界从事积极心理学研究与积极教育研究的人共同追求的生命价值。

用积极教育培养孩子的积极人格

2016年7月18日，首届世界积极教育联盟成立大会在美国达拉斯市召开。来自40多个国家的近千名专家学者和教育工作者围绕“积极教育”这个“决定因素”进行了深入探讨和交流，以推动积极心理学和幸福科学在家庭、学校和社会的广泛应用。中国代表团由我带领的一百多名代表组成，是除东道主美国之外，参会人数最多的团队。在开幕式论坛上，我代表中国代表团提出了中国积极心理学与积极教育的“351计划”，即中国积极心理学工作者的心愿：到2051年，中国幸福指数升至世界第51位，同时中国有51%的人感觉自己是真正幸福的人。

回顾这段经历，我们由衷地感受到积极教育作为一种新的教育思潮已经开始在全球流行起来。从20世纪80年代起，全球范围内兴起了以积极心理学、认知科学、文化科学为理论基础的积极教育实践运动。积极教育从人文视野的角度出发，依靠科学的手段以及对实证的研究，对人类尤其是儿童与青少年如何在教育中获得真正的幸福进行了广泛的研究、测量、评价与实践。

积极教育的研究者们认为，以往人们较多地关注智商和情商对个人成长的影响，而在很大程度上忽略了对于诸多人格特质与积极天性的保护和培养。许多专家与学术机构经过多年观察和分析后发现，真正决定孩子成功的最重要的因素不是天赋，也不是知识，而是教育能否帮助孩子培养以“品格优势与美德”为核心的积极天性、全面而健康地发展。这些积极天性的特质包括审美力、自控力、好奇心、共情力、创造力、专注力、责任感、勇气以及自信心等一系列与善意、高尚人格相关的要素。对这些品格与积极天性的保护与培养，正是国际社会所共同提倡的积极教育的重要内容。

目前，世界很多国家都将积极教育作为教育改革和提升国民幸福指数的重要途径。澳大利亚是国际上最先倡导积极教育的国家，英国、美国、法国、德国、意大利、西班牙、南非、摩洛哥、日本、韩国和北欧国家也都在推广积极教育，并且进行了大力探索。在世界经济论坛“全球竞争力指数”与联合国“幸福国家指数”的评价标准里，教育指数占有相当高的权重，而积极教育所倡导的健康、和谐、创新、善意、科学的教育理念，更是在教育指数指标体系里占有极大的比重。积极教育为何会受到世界各国如此追捧？其根本原因就在于积极教育是基于人心的教育，是把人的幸福创建作为一种信仰的教育，更是一种可以把幸福与心灵经由科学实证进行量化与展现的教育。

积极教育是面向幸福的教育，是得到全球公认的品格优势与美德的教育，是造就世界公民新的教育思想的教育。积极教育打破了民族与国界之间的藩篱，建立起世界文化与社会治理交流与学习的舞台。

积极教育是科学的教育，是人类进入智能时代与无边界时代更具有生命力的、严谨而实证的教育。

积极教育是面向未来的教育，是使人类更具有创造力、审美力、同理心，更关注福流与生命意义的教育。

随着中国经济社会的快速发展，国人生活和消费水准日渐升级，提升幸福感不再是奢侈品，反而成为日常生活的刚需品。在这种形势下，积极教育也势必会形成一股浪潮，在不久的将来迅猛地席卷中国大地，并推动国家教育改革与教育从业者教育观念与教育方法的转变。从孩子抓起，开展乐观的人格教育，能够让中国的孩子、老师与家长的明天更美好。

中华文明源远流长，历史悠久。从古至今，中华民族都是一个以遵行仁孝忠恕之道，怀揣天下之心，秉承内圣外王之志，尊亲重教之德，仁义礼智之行作为民族精神、务实的多民族融合的文化、思维与历史统一体。正是这种刚柔相济、自强不息的民族性格，使得中华文明成为世界上唯一五千年没有中断的人类文明的伟大奇迹。

当今世界已进入一个新的历史发展阶段。这是一个多元文化与价值观交融碰撞的时代，一个更加开放、融合、善意与合作的人类命运共同体的时代。积极的社会理念、幸福的生活状态、有意义的生命展现必将成为地球村居民的普遍共识。而以中华民族为代表的东方文明，越来越彰显出其在创建长治久安、和平发展、世界民族融合上的巨大价值。积极教育所倡导的品格优势与美德、积极的成就、积极的生活意义、积极的情绪、积极的投入与积极的人际关系等，与《中庸》中“天命之谓性，率性之谓道，修道之谓教”的思想及《大学》中“修身，齐家，治国，平天下”的人生理想高度契合。

近年来，党和国家高度重视培养儿童与青少年的积极健康心理与素质教育。中共中央、国务院、有关国家部委发布了一系列促进孩子心理品质建设，保护孩子心理健康的纲领性文件与具体实施要求。此外，社会也越来越关注教育中的心理辅导，大量的教育机构把加强学生的心理健康建设、积极心态建设纳入越来越重要的工作目标体系。清华大学的积极教育科研团队也在多个地方开展科研与教育辅导工作，并取得了良好成效。

以上这一切表明，积极教育已经进入我们的生活。在不远的将来，它将拥有更加蓬勃的生命力，帮助万千家庭走出习得性无助，走上一条更加美好与幸福的人生之路。

第一章

积极教育

孩子幸福人生的蓝本

在大多数父母的观念中，积极就等于快乐，积极教育就是快乐教育，积极心理学就是“心灵鸡汤”。而实际上，积极心理学所提倡的积极教育并不是简单的快乐教育。快乐教育多半指的是在教育中用某些让人高兴、快乐的方式，创建一种其乐融融的快乐氛围，但积极的含义则比快乐丰富得多，积极教育的内涵也远远大于快乐教育的范畴。

什么是积极心理学

要了解什么是积极教育，首先就要了解什么是积极心理学。在解释积极心理学这个概念之前，我先跟大家分享一个小故事。

有两个人，分别走在沙漠里，并且都迷路了，随身带的水也喝完了。两人随时可能会因为干渴而失去生命。

这时，第一个人在一个沙坑里发现了一个瓶子，里面还有半瓶水。他很兴奋，就把这半瓶水小心翼翼地揣到怀里，实在口渴时才拿出来舔舔瓶口。靠着这半瓶水，他走出了沙漠。

第二个人也在沙漠的一处废墟中发现了半瓶水。他却非常失望和沮丧："这么点儿水怎么能让我走出沙漠呢？"他气得诅咒那个喝了另外半瓶水的人，为什么不能少喝几口，多留下一些水给自己。怨恨和绝望使他几乎丧失了走出沙漠的力气，结局可想而知。

同样是在危急时刻发现了半瓶水，第一个人看到的是这半瓶水带给自己的希望，而第二个人看到的却是绝望。如果是你，会怎样看待这半瓶水？

大千世界，芸芸众生。人们对世界本来就有着不同的看法，这充分体现了个体的差异性。即便是在完全相同的环境中成长起来的两个人，也会有很多不同。这其中包括生活习惯、行为模式与认知方式等。人们对世界产生不同的看法，并形成不同的观点本无可厚非，但像故事中所反映出的这两个人对世界完全相反的看法和想法——积极或消极，则是我们一定要深入思考的。

积极与消极的态度，与评价一道菜好吃不好吃，或者评价一个明星漂不漂亮，虽然在形式上并没有多大区别，但事实上却有着天壤之别。一道菜好吃不好吃，一个明星漂不漂亮，最多只影响我们是否选择一种食物充饥或选择一种关于相貌的审美态度。这些并不影响我们的生活品质，更影响不到我们的生命质量。但是，积极或消极的态度却会真实地影响我们的生活品质与生命质量，这种影响不仅作用于当下，更会长期地作用于我们的人生。心理学上很多的科学实验已经为此提供了大量证据：积极的人身体更健康，寿命更长，学业更出色，收入更高；积极的家庭关系更融洽，孩子成才率更高。相对应的，长期处于消极状态中的人则很有可能诸事不顺。

为了让大家能更好地理解积极教育的心理科学基础——积极心理学，我先简单地把上面故事中积极的人称为“乐观者”，把消极的人称为“悲观者”。那么，乐观者与悲观者在面对困境时所表现出来的截然不同的态度，到底是如何形成的呢？是天生的，还是后天养成的？乐观与悲观对他们的人生、未来，或安全感、幸福感与获得感会产生哪些影响呢？

这些问题，就与我接下来要谈到的积极心理学有关了。

被误解的积极心理学

说起积极心理学，很多人可能有误解，认为只有那些有一定的心理问题，或者说心态特别消极的人，才需要去接触和深入学习。对于我们大部分心理健康的人来说，根本不需要去接触和学习它。

事实上，心理学自从确立了独立地位之后，就面临着三个重要的使命：治疗人的精神或心理疾病；帮助人们生活得更加充实、更加幸福；发现并培养具有非凡才能的人。现代心理学从产生至今只有一百多年的历史。以 1879 年威廉 · 冯特（Wilhelm Wundt）在莱比锡大学创建的第一个现代意义的心理学实验室为开端，现代科学心理学才正式走进人们的生活。

我们不仅要意识到如何面对消极，更要意识到如何掌控积极。关于这一点，《幸福的方法》的作者泰勒 · 本–沙哈尔（Tal Ben-Shahar）博士也多次强调，在过去几十年中，心理学家探讨了很多负面的心理问题，对有关抑郁、恐惧、自卑等消极人格特征的研究要远远多于对快乐、希望、责任、幸福等积极人格特征的研究。但后来心理学家慢慢意识到，即使他们帮助一些人消除了人格中存在的消极方面的问题，如果这些人本身缺乏积极的力量，或者说其本身所具有的积极力量不足，那么他们依然难以成为一个乐观、幸福和自我实现的人。

在这种强烈的对人类优势效能进行讨论的影响下，越来越多的心理学家开始关注积极心理对人的影响。早在1954年，人本主义大师、著名心理学家亚伯拉罕·马斯洛（Abraham Harold Maslow）就提出了一个观点，认为早期的心理学关注了太多的人类心理问题，研究了太多有心理疾病的人的案例，却忽视了那些健康、优秀、成功之人的心理活动。所以从那时起，以马斯洛为代表的为数不多的心理学家就开始研究健康人的心理状态、行为方式与行动结果。只不过当时对于大部分心理学家来说，对人类的心理问题与消极的解释占据了主流地位，积极心理还没有得到普遍的重视。

1998年，在美国心理学会主席的就职演说上，新当选为主席的马丁·塞利格曼（Martin Seligman）正式提出“积极心理学”作为一门专门的心理学学科的理念。他认为，心理学在过去更多地关注人类消极负面的方面，相当于把一个−6的人的心理状态提升到−2；而积极心理学则更加关注人类的品格优势与美德，致力于把一个+2的人的心理状态提升到+6。在这种思想的感召下，此后的20多年，在马丁·塞利格曼与其他心理学家的号召下，人们开始大力倡导积极心理学并且进行了积极探索。积极心理学作为心理学的一个新的领域开始迅速发展起来。

今天，积极心理学已经不折不扣地成为当代心理学的一个重要分支，帮助并激励了无数人拥抱绚烂的生命。马丁·塞利格曼也因此被尊称为“积极心理学之父”。

在马丁·塞利格曼等心理学家看来，积极心理学所研究的问题主要包括下面三类。

第一，积极的主观体验，包括愉快、感恩、成就、爱、幸福等。

第二，积极的个人特质，包括天赋、个性力量、兴趣、价值、自我实现等。

第三，积极的环境机构，包括家庭、学校、社区、整个社会等。

同时，还有一位积极心理学的重要奠基人克里斯托弗·彼得森（Christopher Peterson）在总结积极心理学时也指出：“积极心理学是一门研究生命从开始到结束的各个阶段的学科，它着重研究那些让生命更有价值和更有意义的内容。它旨在回答一个问题，即如果我们不想挥霍生命，我们该做些什么。”这应该算是积极心理学另外一个更具人文情怀的定义。

详细地讲，积极心理学具有以下几个特点。

1. 积极心理学是一门科学，不是“心灵鸡汤”

很多家长都认为积极心理学就是一种“心灵鸡汤”，这是对积极心理学的极大误解。积极心理学并不是一种横空出世的学问，而是在心理学这门学科一百多年探索的积累基础上产生的一个新的思路、新的角度和新的方向。也就是说，它是有产生渊源的，而且在研究过程中，积极心理学与其他心理学的研究方法相同，要改变的只是我们的研究角度和研究方向。

所以，我们既然承认心理学是一门科学，那么积极心理学同样也是一门科学，而不是那些非科学的所谓“鸡汤”。尽管积极心理学的著作与讲授必然会有文学成分与情感输出，但对于一门科学的普及来讲，这些都是必要的。不能因为积极心理学中的这些情感输出与那些“心灵鸡汤”给人某些相似之感，就武断地定义积极心理学属于“心灵鸡汤”。

2. 积极心理学有证据、有逻辑、有调查

2016 年，心理学家通过调查发现，人类的抑郁症竟然可以找到遗传的 DNA（脱氧核糖核酸）的标志，这说明积极心理学其实是有生物学基础的。它有自己的神经通道反应，有行为的体验，也有一定的社会价值。从这个角度来说，积极心理学不是虚无的，而是一门真实存在、极有价值的学科。

3. 积极心理学是不断变化、不断发展的学问

积极心理学虽然还比较年轻，直到 2000 年这门学科才正式诞生，但它是在不断变化、不断发展的，几乎每年、每个月都有新的研究战果出现。

相比之下，“心灵鸡汤”就不具备这些特点。它通常是一种似是而非的感觉，一种自以为是的经验，是经不起逻辑推敲的。所以它既不是科学，也不能用科学的方法和实验来证明。

我再举个例子来解释一下这两者的区别，让大家强化一下对积极心理学的理解。

国际积极心理学协会现任主席、美国北卡罗来纳大学的芭芭拉·弗雷德里克森（Barbara Fredrickson）曾提出一个“积极情绪的拓展－构建理论”，认为积极的情绪能帮助我们建立长期的生理资源、心理资源、认知资源和社会资源等。其中，生理资源通常指运动、锻炼身体等活动，研究发现，当我们情绪积极时，就容易拓展这一资源。比如，当你感到开心时，会觉得走路都特别有劲儿；相反，当你感觉很郁闷时，一定是步履维艰，连步子都不想迈。这就是积极情绪对我们的生理资源产生的影响。它可以促使我们去活动、去锻炼、去充分地利用自己的力量。

同样，积极情绪还能拓展我们的社会资源，帮助我们建立更好的人际关系。比如，当你心情愉快时，你就愿意与人见面、聊天、交往，并且沟通的气氛也会很融洽；相反，情绪不佳时，你可能只想待在家里，电话不想接，人也不想见，长期如此，怎么能有好的人际关系和社会资源呢？

此外，认知资源、心理资源的拓展等也与积极的心态和情绪息息相关。情绪好时，我们思考问题也会更积极，思维也会更有创意，更加发散。哈佛大学心理学家特雷莎·阿马比尔（Teresa Amabile）曾研究人类的创造力 20 余年，追踪了一些特别有创造精神的人，如诺贝尔奖获得者等，目的是弄清这些人与其他人到底有什么区别。结果发现，这些人与其他人除了学历和智商有一些差别之外，更突出的是他们在做出重要贡献时，往往都是在他们特别积极快乐的时候。

2006 年，诺贝尔经济学奖获得者埃德蒙德·菲尔普斯（Edmund Phelps）还曾提出一个观点，认为很多富人致富的秘密并不完全来自他们的运气和努力，无论是一个人、一个家庭，还是一个单位、一个社区，能够积累大量财富的主要原因都在于参与其中的人具有一种积极阳光的心态。他还用一个英文单词“flourishing”来表示这种状态，即“丰盛、像花朵一样灿烂”。我把它翻译成“心花怒放”。也就是说，真正让一些人变得富有的，并不完全因为他们肯埋头苦干，奋斗不已，而是他们活出了生命的活力，活出了心花怒放的人生感受。当他们带着积极、乐观的心态去做事时，自然就会事半功倍。

有些人可能会反驳这个观点，比如曾经有人跟我说：“彭老师，你总说积极的心态出成就，可历史上明明有很多愤怒出成就的事件呀，比如愤怒造就了杜甫这样的大诗人。”

其实这只是一种主观判断，或者说是一种杜撰，缺乏科学依据。现在根本没有任何心理学证据证明愤怒的情绪能造就诗人。拿杜甫来说，他也是一个心态积极的人，并且他不是因为愤怒才写出伟大的诗篇的，而是因为伟大才会为一些人和事感到愤怒。杜甫说过很多非常积极的话，比如“读书破万卷，下笔如有神”，说的不是别人，正是他自己。

所以，积极心理学其实是以科学的方法来研究人类积极心理的力量、积极的认知习惯与积极的行为方式。这些积极的原理包括在人类的美德、意义、审美、创新、超越、活力、善良、坦诚、开放、感恩、宽容、爱与慈悲等一系列品格要素之中。积极心理学就是通过这样的科学研究，试图揭示人类那些卓越的积极天性是如何成就人生与美好社会、美好生活的科学机制，从而帮助个人、家庭、组织和社会持续繁荣兴旺、快乐幸福的。它所研究的主要对象也并非那些有心理疾病的人，而是那些心理正常且十分优秀、成功、善良的人。

如果说传统的所谓“消极心理学”（学术上没有“消极心理学”这一说法，这里特此说明）面对的是人类中那一小部分遭受心理疾病困扰、需要帮助的人群，那么积极心理学则把精力更多地放在更大的群体，即普罗大众身上。积极心理学家一直强调，积极的心理状态除了没有心理疾病外，还应该具有高于“无病”水平的展现充沛活力的心理状态，包括积极的情绪、投入式的体验、亲社会行为、对人生价值与意义的追求，以及良好的人际与亲密关系等。其核心思想是希望人们知道，是什么让一些人在跌倒多次后，仍然有意愿、有勇气、有能力爬起来；是什么促使一些人能不断地战胜生活中的种种困难与挑战、痛苦与艰辛，并最终拥有丰盛而灿烂的人生；是什么让他们哪怕只是平凡的普通人，却随时拥有“内圣外王”的伟大情怀，成就更好的自己。

这才是积极心理学的真正内涵所在。

积极教育培养品格优势

积极教育是建立在积极心理学科学理论基础上的教育理念和实践。它首先聚焦于积极心理学的研究成果，然后将这些前沿的科学研究成果运用到教育之中。因此，它是一个与心理科学紧密相连的教育科学领域。心理学是一门真实的科学，积极教育也属于科学的教育范畴，且理念十分严肃，所以谈积极教育就离不开科学的思想观念。

什么是科学

1879 年，被誉为心理学实验之父的德国心理学家威廉·冯特博士在创建世界上第一个心理学实验室时，曾提出现代心理学应从事那些与人的行为与认知有关的基本规律的基础性研究，而不要进行具体应用或心理疾病干预的过度参与。心理科学的价值要通过发现那些具备普适性、规律性的本质揭示，为社会提供坚定的理论依据与科学实验证明。

清华大学吴国盛教授在《什么是科学》一书中也提出，科学是

“无用的”，“有用的”就不是科学，而是科技。

从这些说法中我们了解到，所谓科学，其实就是人们对世界万物进行理性度量的一种可靠方式。度量什么？度量事物的本质与规律。用什么方式度量？实证与实验。怎样确定度量的结果是可信与真实的？就是这些实验与证据可以经由不同的人、不同的环境测试而得出一样的结论。科学本来就是一个对事物本质与规律证实与证伪的过程，比如，对“所有的天鹅都是白色的”这句话进行科学研究，无非有以下几种基本的方式。

第一种方式，实地找出全世界所有存在过与存在着的天鹅，看看是不是都是白色的。如果是，说明这句话是对的；如果不是，说明这句话是错的。这是一种典型的普遍实证。但事实上，这种方式根本行不通，因为没有人能把所有存在过与存在着的天鹅都研究到，但这种方式却代表了一种科学的“证实”态度。

第二种方式，就是在见到的天鹅中找出是否有不是白色的。如果有，说明这个结论是错误的；如果没发现，就意味着这句话暂时正确（注意，这里提到的“暂时正确”对于科学研究来说极为重要。历史上很多科学结论都属于暂时正确或者是特定条件下正确）。我们可以称这种方式为“证伪”，也就是不需要走遍世界各地找出所有的天鹅，只要发现一只不是白色的天鹅就可以了。

事实上，科学的历程就是在不断“证实”与“证伪”中发现事物本质的历程。而真正的科学精神并不是为了具体的某种用途，而是为了更加清楚事物的本质与规律。将科学研究得出的结论进行应用并不是科学的本来任务，那是属于科技的任务。因此，正确的科学态度是非功利性的。

积极心理学 vs 积极教育

从这个意义上来看积极心理学与积极教育的关系，我们就能更加清楚地理解积极教育的属性。

首先，积极心理学是一门科学，是通过研究人类积极的生命要素来揭示人类积极向上的本质、规律与意义。而将积极心理学的科研成就应用于教育，就是积极教育。这代表积极教育本身就属于“应用范畴”。

其次，积极教育也需要以科学为依据。这里需要说明的是，积极教育的科学基础并不仅限于积极心理学，还有教育科学、文化科学、认知科学与生物科学等。当然，积极心理学是积极教育十分重要的科学基础之一。因为教育总是面向人的发展，而心理学也是面向人的发展本质与规律的研究，所以积极教育也必然能体现积极心理学关于人在积极与优势方面进行发展的本质与规律的研究成果。

积极心理学的大量研究表明，积极的教育方式不仅对改善处于成长阶段的儿童的心理状态有着良好的发展推动作用，对于已经发育成熟的成年人也有很大的帮助，在终身教育与成长性学习与发展方面的意义和影响更为巨大。

就儿童来说，在他们的成长过程中，如果他们的父母与教师能以科学的认知，用符合科学原理的教育方式对他们进行积极的引导与鼓励，那么对于孩子的身心健康、品格养成、天赋发挥、人生价值观建立以及对幸福的感知等，都会产生无与伦比的正向影响力。而对成人来说，如果身边的领导、同事、家人、朋友也能以科学而积极的方式进行交流沟通与协作，这样的人生也有更大的概率实现更加美好的人生追求与生活质量。因此，积极教育不只是针对儿童，也适用于成人。

当然，也会有些人对上面的说法不以为然，或者不认同。事实上，我和我的同事与学生在进行积极心理学传播的过程中，总能听到那些将积极心理学当成“心灵鸡汤”，把积极教育视同快乐教育的声音。这种不认同虽然也会让我们有些哭笑不得，或者产生某种挫败感，但静下心来思考，这种现象的确是积极心理科学原理的普及与积极教育在具体应用中所面临的现实挑战。因为积极心理学对于很多人来说仍然是一个新的词语，人们对“心理学就是治疗心理疾病”的习惯性认知根深蒂固，并且“经验才是老大”的传统教育观念导致的对教育科学的淡漠比比皆是。

几年前，我曾作为心理学家受邀参加一个教育论坛，并应组织者要求就积极心理学对于教育产生的影响进行发言。这时，一位学者突然打断我的话，很不客气地对我说："彭老师，我觉得你说的积极心理学根本就是一套套的'心灵鸡汤'，你说的积极教育说来说去不就是快乐教育吗？我是搞教育的，并且搞了很多年。我可以负责地说，你说的这种快乐教育在真正的教育中根本行不通，也不实用！"

我当时很吃惊，会场的气氛也有些尴尬。但出于礼貌，我还是请这位教育专家更加具体地谈谈他的看法与意见。于是他说道："你认为在教育中应加入积极心理学，要对孩子进行积极教育，其实就是让孩子无所作为，每天只要快乐就行了。其结果只会让孩子丧失进取的动力。我们还是应该沿用'老祖宗'的做法，棍棒之下出孝子，严格教育出人才！"

似曾相识啊！

我当时脑子里冒出来的就是这样一句话。

我是一名心理学家，同时也是一位教师。一方面，作为一名科研工作者，我要不断研究人类心理的种种表现；另一方面，作为一位教师，我也承担着教学育人、传道授业解惑的责任。我知道，在教育中充满着辩证，对学生严格要求没错，关键是严格要求并不等于苛刻与责难，严格要求也并不与积极、幸福、快乐、自由相冲突。更关键的是，我们不能一直把一种简单粗暴的教育方式作为无上法则，不能因懒惰和无知而排斥一种更为高级的教育艺术。

的确，无论是父母还是老师，对孩子最简单直接的教育方式就是模仿军队内部的管理模式。这在某种程度上的确很有效，但建立军队的目的是打赢特定的战争，而教育的目的是每个人的成长与发展。教育不应该让孩子觉得这个世界就是你死我活的残酷竞争，而是万物生长。在治学与讲学中，类似于这位学者的态度与说法，我接触得太多了。每次听到这样貌似充满“正义感”与“责任感”，实际上却完全缺乏基本科学常识与科学态度的言论时，我都会感到深深的惆怅。

我相信，很多人也会认同这位专家的言论，但我想说的是：

第一，我们真的了解对方在说什么吗？

第二，我们真的了解对方说的是什么吗？

第三，我们在评论时，究竟是在接纳中审辨，还是在否定中批判呢？

哪一种才是科学的态度？我们姑且不论这位学者的言论到底有几分道理，仅在对教育进行科学讨论的态度这方面就值得商榷。

科学的精神是对任何事物都进行理性的求证、求实、求真，就像我们不能听到一个自己没有理解或不认同的事物后，马上就做出没有根据的反对结论与否定一样。

回归至善至理

关于“棍棒之下出孝子”这种根植于很多人心中的观念来源，

我们在这里不做探讨，但科学研究的结果多次证明，经常被打骂、否定、无端束缚的孩子，其大脑的确比处于愉悦、快乐、爱、自由、开放环境下的孩子的大脑产生器质性损伤的概率更大。而拥有这样“消极大脑”的孩子，在同理心、理性、智慧、审美、创造力、参与性、亲社会性等方面，都会受到很大的负面影响。长期处于这种状态下的孩子，往往会伴有以下症状：

- 做噩梦、怕黑、缺乏安全感；
- 有分离焦虑、黏人、不愿意离开父母；
- 过度的惊跳反应、高度警惕；
- 注意障碍、睡眠障碍、易激怒、刻意逃避任何跟灾难有关的事物、对声音过度敏感；
- 消极、紧张、忧郁、愤怒、焦躁、易生气；
- 有罪恶感；
- 语言表达困难、注意力与记忆困难。

除此之外，严重时还会导致创伤后应激障碍（PTSD）。一旦产生 PTSD 症状，不同年龄段的孩子会出现不同的症状：

- 学前儿童的反应是出现急躁、呆滞、睡眠失调与畏惧夜晚、发展退化、黏人等状况；

- 学龄儿童的反应是拒绝上学，在家或学校出现攻击行为，在同伴中退缩，同时还伴有注意力下降、成绩下降、胃痛、头痛等症状；
- 前青少年期与青少年期的反应是有自我伤害行为、自杀念头、问题行为、分离症状、丧失现实感、滥用药物等。

这些儿童期的严重创伤，往往会在长大成人后表现为心理问题，比如焦虑、抑郁、解离、边缘型人格障碍、多重人格等精神症状，从而引起人格的改变。有些人还会沉溺于滥用成瘾物质，比如酗酒、吸毒或者沉溺网络，有攻击性行为、自伤或自杀行为。今天社会上出现的很多恶性事件，很大程度上都与这种“棍棒之下出孝子”的传统错误观念有关。积极心理学家的科学研究已经证明，棍棒下面不一定会出孝子，但一定会出心理叛逆的孩子。

如果父母或教师无法理解什么是科学的教育态度，那么就意味着可能会发生两种悲剧：

一种悲剧是孩子处于一种不正确的教育氛围下，而产生长期压抑与习得性无助，以及其他极端的状况，就像前文那位轻生的学生一样；

另一种就是长期处于一种不正确的教育观念之下的成年人的无知与傲慢，正如我见到的那位母亲对自己的错误视而不见却振振有词的状况。

这两种情况如果同时存在，教育就不再是通向寻找幸福、自由、真理的坦途，而成为一条遍布无知、狂躁、压抑与无助感的荆棘之路。

《中庸》说："天命之谓性，率性之谓道，修道之谓教。"我们的老祖宗早已智慧地揭示了人类的积极天性与道法自然、内圣外王与授业解惑之间的辩证关系。《大学》也明确指出，学习之道在于懂得事物的本质与规律，不断地求知求证，从而通达心灵的道理。从某种意义上来说，我们今天提出的积极教育并不是西方的舶来品，而是对于中国古代先贤圣哲那些被我们遗忘的至善至理的一种回归。

我们非常需要为教育重新建立一种科学的态度与尊重的模式，而不是所谓教育经验与感觉；我们也需要为我们的时代提供一种新的教育认知，它有别于传统农耕社会与固态社会中要求所谓安分守己与服从，却泯然众人式的"听话、懂事"来掩盖的苍凉。我希望，我们的教育体系、教师和家长是懂科学、用科学的，而不是"迷信"与"专横"的。我更希望我们的孩子能在积极的社会、学习与生活氛围中充分释放他们积极的天性，找到属于他们自己的成才之道。这个世界是多元的，人也是多元的，我们的教育更应该具备多元化的价值取向，其核心是为了让每一个孩子都闪耀出人格的光辉，让每一个孩子都拥有最灿烂的生命沉淀。

父母之道：赋予孩子获得幸福的能力

让每个孩子都拥有幸福的人生，这是天下所有父母的心愿。从咿呀学语开始，父母就牵引着孩子踏上了寻找幸福人生的旅程。可是很多父母都不清楚，究竟哪些因素决定了孩子的内心感受；是什么能真正让孩子体会到幸福和快乐；为什么自己竭尽全力地为孩子创造富足的生活，却仍然挡不住孩子的叛逆、冲动、不听话、不好好学习，甚至动不动就离家出走，哭着喊着闹自杀。

据世界卫生组织统计，每年大约会有22万中国同胞因心理问题、生活压力、自我伤害等遭受痛苦。这或许是我们所面临的最大伤害。而更令我们痛心的是，越来越多的孩子用各种方式伤害自己。有关统计数据表明，目前我国儿童心理问题的发病率为12%~16%，患有心理疾病的儿童大约占2%。更糟糕的是，这一数据在全世界都不乐观，每年甚至有将近100万人死于心理疾病。这比任何战争给人类造成的危害都大。

以上这些现象都在提醒父母们，在孩子成长的过程中，必须关注孩子的心理健康问题，建立良好的亲子关系，让孩子在一种积极、健康、乐观的环境下长大，拥有获得幸福的能力。

幸福中的孩子更出色

事实上，仅是从人类或者人类社会的发展角度来看，所谓的成绩远远比不上幸福对人生的意义。更为关键的是，那些活在真实、自由、幸福中的孩子，他们的成绩往往更加出色。

近几年，我的一位学术助理每年都会对新入校的清华学子进行随机采访，并且和之前采访过的清华毕业生进行比对，调查结果十分有意思。

他发现，大部分清华的优秀学生与优秀的毕业生在被问到他们当年高考的状态时，都不是那种“头悬梁，锥刺股”，学得天昏地暗、悲从中来。相反，这些优秀的学子在高考前相当放松与自信，并兼顾着自己认为有意义的社会活动或兴趣爱好。也就是说，他们的心态很放松，学习态度很积极，对知识的系统性与规律性有着清晰的把握，“乐此不疲，漫卷诗书喜欲狂”。

这就是我提到的一种积极投入状态下的心花怒放与物我两忘，其结果是驾轻就熟、挥洒自如。由此我们可以看到，那些真正拥有大智慧与大幸福的人，才是拥有大气运的人，才能够掌握自己的生活，实现伟大梦想。相反，那些处于压抑、郁闷、封闭、无力状态下缘木求鱼的人，更容易遭遇人生的冰河而无法自拔。

幸运的是，今天我们有了积极心理学与积极教育。积极心理学恰恰是一门研究如何获得幸福的学科。它让我们的生命充满了活力和欲望，让我们时刻感知生活的愉悦与幸福。积极教育恰恰是运用幸福的科学拥抱幸福的教育，实现超越理想的教育科学。积极教育从来与好的成绩不冲突、不矛盾，虽然很多人会担心甚至误解积极教育会影响学生的成绩，但科学实证已经表明，积极教育会极大地促进个体的全面发展，包括学习成绩、创造力、同理心等。其核心是，积极教育点燃了孩子学习生活的活力，让他们的学习和生活充满了动力与朝气。积极教育会带给孩子巨大的幸福感与意义感，这个过程将从内到外地造就一个全面发展的孩子。而拥有优秀的品格、优秀的成绩、多元的爱好与亲近社会的能力，将会使孩子更有能力把握住机会，取得超出预期的成就。

父母学习积极心理学的意义

对于父母来说，学习积极心理学，对孩子进行积极教育，无论是对于自身的完善还是对于孩子的成长，都有着积极的意义和价值。

我认为主要有以下三点。

1. 父母要成为最好的自己

孩子周围的重要人物，是他成长环境中的重要因素，也是对他影响最深的。父母的一言一行、一举一动，乃至一丝一毫的情绪变化，都会被孩子看在眼中，时时刻刻地影响着孩子。从积极心理学的角度来说，父母喜欢什么，擅长什么，怎样为人处世，都会影响孩子的选择倾向。比如，在文学、艺术及各种体育活动中，孩子就能从父母身上看到什么叫投入、专注和热爱，自己也会自然而然地向这些活动靠近，并且愿意投入足够的专注力去挑战，发现乐趣。

所以，父母的行为状态就是孩子的成长环境中最关键的因素。父母心态阳光、积极、乐观，做事专注、认真、负责，对自己当下的生活感到满意、幸福，孩子就能从父母身上看到和感知到这些状态，继而自己也向着父母的状态发展。

2. 孩子的心理健康需要父母的关注

如今，社会压力增加、就业形势严峻等因素，都在影响着社会上的各个阶层，而孩子正处于心理敏感和独立意识增强、人格要求独立的阶段，心中有很多的困惑。在这种情况下，父母必须时刻关注和重视孩子的心理健康问题。

有一次，一位高三的学生家长找到我，说孩子患了抑郁症，突然不愿意上学了，整天把自己关在屋里，谁也不见。家长用了各种办法，都说服不了孩子。

通过家长我了解到，这个学生原本十分出色，不仅成绩一直名列前茅，还是班长。他不愿意去学校，只是因为一位老师在谈论毕加索的画作时有些调侃地说：“毕加索的画没什么了不起，连小孩子都能画出来。”当时班里很多学生也附和这位老师。而这个学生觉得老师不尊重画家，不尊重历史，更是不尊重自己的教学工作，这让他十分愤怒。同时，他也为那些跟着起哄的同学感到深深的悲伤。可是，当他和老师、同学们说这个事情时，大家都觉得他很无聊、很奇怪，认为小题大做、没事找事。回到家后，他又把自己的想法跟妈妈说了，没想到妈妈也不理解他。

后来，我看过这个学生的作文。他对世界有自己独特的看法，非常优秀。同时我还了解到，这个孩子在单亲家庭中长大，平时都是妈妈带他。一直以来，母亲都有一种危机感与压力感，所以从小到大一直对他十分严厉，母亲几乎从未跟孩子深入地谈过心，孩子做什么都要遵照母亲的安排与要求。在这种成长环境下，一个原本很出色且有同理心的孩子，却逐渐走向了消极与负面。

这些本来不该出现的悲剧几乎每天都在现实生活中上演，关键原因就在于父母对孩子的不了解、不关注。父母应该是孩子的引路者，而不应该是孩子的生活监工。如果父母完全不懂得积极心理学，不研究健全的人格如何养成，一旦孩子出现问题，就一味地用惩罚和高压政策解决问题，反而会加重孩子的心理负担，甚至造成心理残疾。

3. 家庭教育必须与时俱进

作为孩子人生的第一任导师，父母必须能够准确地把握时代特征，无论是观念还是行动，都要跟上时代的脚步，从而做出一些相应的改变。我们经常听到一些与当今时代不同的声音："我们小时候，父母都不怎么管我们，我们也顺利长大了。""我们小时候哪有那么多事儿？犯了错，父母揍一顿，转眼就忘了。现在的孩子，动不动就有心理问题，真矫情！"经常说这些话的父母往往忽视了时代的变化。

信息时代的到来，让孩子们在很小的时候就踏上了信息的高速公路。在这条"公路"上，每天都有潮水般的信息涌来。这些信息有好有坏。好的信息可能会让孩子接触到更多的新知识，看到更广阔的世界。而一些不好的信息就会影响孩子的身心健康，比如赌博、吸毒、校园暴力等。所以，时代不同了，孩子面临的环境不同了，我们看待问题的观点和教育孩子的方式也必须与时俱进。

总而言之，积极心理学为家庭教育指引了科学的方向，同时也向父母们传授了更多有效的教育方法。学习积极心理学，父母会更有能力、更有方向地引导孩子健康茁壮地成长。

孩子是上天赐予我们的最伟大的恩典，同时也是我们最好的"原材料"。作为生产线上的技术人员，父母该怎样做，才能让这件"产品"更优秀、更出色呢？最好的方法就是技术人员不断地提升自己的技术和素质——提升教育能力，然后用最有效的方法培养孩子积极的心理品质，让孩子能够学会以积极、阳光、正面、乐观的态度看待世界。这样的孩子不仅会在学习上取得优异的成绩，还会具备良好的人格修养，未来也会拥有更加精彩且幸福的人生。

积极教育是顺应天性的教育

在传统教育中，我们认为孩子只要多学知识、掌握技能即可，却忽视了对孩子进行人格教育。实际上，孩子在成长过程中不仅要掌握各种知识、技能，还要具备爱心、担当、创造力、想象力、感染力、懂得利他、擅长沟通等积极的品质。而这些品质，光靠书本是很难学到的。从这个意义来说，积极教育就是试图运用积极心理学的原理，培养具有积极心理素质的孩子，让孩子有终身学习的原动力，能不断地发挥出自己内在的优势、美德、品质，从而积极迎接未来的各种挑战。

具体来说，我们可以从以下三个方面来理解积极教育的内涵。

不只为了学习，更是为了幸福

经常有人问我："彭老师，你这么重视积极教育，积极教育到底有什么意义呢？"

作为一名长期在大学任教的教育工作者，我最切身的感受就是，孩子的生活不能只为了学习，还应该过得开心、愉悦。我曾经在北京大学任教，后来又前往加州大学伯克利分校任教，如今在清华大学任教。我见过无数优秀的考生以非常优异的成绩考入世界顶尖学府。这些孩子学习认真，也很勤奋，但我却非常痛心地发现，一些原本很优秀的孩子在考入大学后就迷失了自我，甚至开始放纵、堕落，最后可能连毕业证都拿不到，非常可惜。

我曾多次与这些孩子沟通，发现存在于这些孩子身上的一个共性：他们都被父母严格管教，父母对他们寄予了很高的期望，希望他们考上一所好大学。如父母所愿考上名牌大学后，他们就觉得：我的使命完成了，接下来，我就要做自己喜欢的事情了。

他们喜欢的事情是什么呢？就是不再听父母的话，彻底放纵自己，做自己梦寐以求的事情，而这些事情基本就是享乐和放纵自己，极端情况甚至是想放弃自己的生命。他们认为自己满足了父母的期待，自己也要满足自己——远离眼下这个令自己厌倦的世界。

我也是两个孩子的父亲，听到这些，非常痛心。这警示我们：在期望孩子学习好、考上好大学的同时，更有必要关注他们的心理成长与心理健康。而积极的人格教育，会在提升孩子学习积极性的同时，更关注孩子的心灵成长，激发积极的内在动机，让孩子保持积极、阳光、美好、善良的心态，去面对自己未来的人生。

心理学家罗伯特·罗森塔尔（Robert Rosenthal）曾做过这样一个有趣的实验。他将一群小朋友随机地分成两组，然后告诉老师：

“其中一组孩子现在看来成绩不好，但只要你用心关照、支持他们，他们未来的成绩会很好。”而对于另一组孩子，他告诉老师：“这些孩子不会有大的成就，现在就已是他们的最好水平了。”

对那些受到积极暗示的孩子，老师的态度非常积极，孩子的行为也开始变得不一样，他们对世界充满了好奇和希望。而另一组孩子就没有这样的待遇。一学期后，第一组被认为会变得优秀的孩子，成绩果然都提升了。而那些没有得到积极暗示和特殊关照的孩子，成绩都下降了。这个现象在心理学上叫作“罗森塔尔效应”。

通过这个实验可以看出，积极的支持和关怀可以产生正面的效果，反之则会产生相反的效果。所以，积极教育不仅能让孩子产生正面的学习效应，更重要的是能培养孩子积极向上的力量，既提高了他们的成绩，又提高了他们的心理水平。特别是在一个需要终身学习的时代，培养孩子的学习习惯和学习动机，其实比单纯地培养孩子的应试能力更有价值和意义。

积极教育是人类社会发展的密码

生物学家一直在研究人类生命发展的密码——遗传信息 DNA。进入大数据时代，人类学家又开始探索文化的遗传 DNA，即社会发展中的那些规律性现象。在研究中，我们发现了一个规律性现象，即人类社会的进步和发展不是靠斗争，也不是靠战争和掠夺来实现的，人类社会的发展靠的是人们的善意来实现的。

什么叫善意？就是我们要和他人合作、交往、交流。大规模的文化交流、技术交流、货物交流、财富交流，对人类社会发展来说是很重要的密码。我们深入分析了人类财富的增长规律，发现从公元元年到 2001 年，有三个爆发性增长的时间节点，也是人类思想解放的节点。第一个节点是文艺复兴，在此期间，地理大发现、人类大规模的迁徙、交流和变换变得可能；第二个节点是工业革命，人们的交往与合作变得日益增多；第三个节点是第二次世界大战结束后到现在。这些节点都处于人类社会进行大规模交往、交易、交换的时代。

由此我们也可以推断，在大数据时代，孩子要如何与他人交往、交流和交换，才是父母应该真正关注的问题。

前些天一个亲戚给我打电话说，他的孩子让他很是烦恼。明明是从名牌大学毕业的，可他就是不愿意上班。家里人托关系帮他找了几份工作，基本都是干不了几天就闹辞职。原因也是各种各样，但他认为问题都出在别人身上。比如：“某某今天让我帮他打印文件，可那不是我的分内之事。”“领导今天批评我了，其实我就迟到了两分钟而已，至于嘛！”“单位的客户太难搞！”“同事今天说我工作没做好，难道我还不如他一个三本生？”……

总之，他每次辞职的理由都差不多，要么是跟领导、同事、客户处不好关系，要么就是觉得自己在这份工作中屈才了。这样的孩子让父母操碎了心。

那么，我们该如何教育孩子，让他们学会与他人正常、积极地交往呢？很显然，不是教他们如何去竞争、奋斗，或者用蛮力去获取，这些已经证明不是我们人类的优势。人类的优势是善于利用资源、调度资源，进行合作、沟通交流和表达。简而言之，未来善于与他人合作，能够领导、感染他人，才是真正的本领。而积极教育，恰恰就是帮助孩子在成长过程中慢慢地具备这些能力和优势。

积极教育是面向未来的教育

中国人所接受的传统知识教育，绝不亚于其他国家、其他文化，但我们也需要知识以外的教育。如果教育中缺少深沉的理性、无私的爱、理解与关怀、支持与感恩、宽容、超越、洞见等美好情绪或心理体验的参与，仅仅是追求简单的愉悦、暂时的满足，那不是积极教育，只是快乐方法的教育应用。

我们今天之所以推广积极教育，目的就是辅佐传统的知识教育，让孩子掌握知识之外的能力，帮助孩子在未来获得全方位的发展。教育是人类用灵魂引导灵魂，用生命响应生命的伟大创举，是超越技术直达内心的觉悟之光。从这个角度来说，对孩子进行积极教育，就是为孩子点亮生命中的积极天性。这显然要比简单的快乐教育重要得多。

那么，什么是知识之外的能力呢？

美国著名管理学者丹尼尔·平克（Daniel Pink）曾指出，在人工智能时代，人类需要拥有机器所不具备的六种能力，即审美力、意义力、快乐力、表述力，同理力和共鸣力。丹尼尔·平克认为，21 世纪是一个感性的时代。只有能够拥有上述能力的人，才能真正成为时代的主人。而积极教育恰恰就是面向未来，培养孩子这些能力的一种教育理念。其目的是让孩子不仅具有出色的学习能力，还拥有更多的灵性、悟性、善意和更高的德行。

总而言之，积极教育的本质是依据人类的积极天性与生命的规律，顺应并发挥人类那些卓越的积极天性，让教育成为真正启迪人内在的觉醒、点燃生命意义感的灯塔。积极教育的目标是将我们每个人都拥有的那些积极情绪唤醒，使之发芽、茁壮生长起来。这包括充分调动我们的积极情绪、全情投入到所从事的事情中，物我两忘、勇敢坚韧地不断探索生命与世界的意义，积极地获得那些或大或小的成就，以及构建良好的人际关系。

以上这些，就是积极教育真正要教给孩子的东西。

| 家庭游戏创设 |

记录三件好事

请孩子在自己的“好事记录本”上写下三件好事，以此给孩子留下美好的回忆和幸福的感受。这三件事可以是刚刚发生的，也可以是曾经发生的。记录时要注意：

- 记录的好事可大可小；
- 美好的小事也值得说，不要让孩子忽略生活中那些美好的小事；
- 孩子在讲述好事时，父母要引导孩子注意句式，可以鼓励孩子用这样的句式叙述：好事情 + 我的感觉 + 感谢。

如：今天去郊游，山上的野花开得真漂亮，让我心情很愉悦，感谢美丽的春天；今天下午吃到妈妈烤的蛋糕，很香，让我心满意足，感谢妈妈！

第二章

情绪力

引导孩子管理自己的情绪

21 世纪人类面临的最大的生存挑战，不是污染、战争、饥荒和瘟疫，而是我们的幸福感偏低。归根结底，这主要与我们的情绪有关。每个人都有生气、急躁、愤怒、怀疑、攻击等复杂情绪，从心理学角度来讲，这些都是正常的，关键是我们不能让这些消极情绪影响身心健康。对于成长中的孩子来说，培养调节情绪和管理情绪的能力非常重要，它是孩子在未来遇到挫折时自我激励、识别他人的情绪以及处理人际关系等能力的基础。

什么是情绪

说到情绪，很多人可能将情绪当成是一种自发的、被动的、生理的、不可控制的主观反应或主观感觉。但是，现代心理学研究发现，情绪并不只是一种个人感觉或感受，而是一种具有社会性的心理行为，是社会沟通的信号。

实际上，达尔文早在 1872 年出版的《人类与动物的表情》一书中就提出，人类与动物的典型区别在于人类有丰富的情绪活动。达尔文认为，情绪是人类进化的高级心理工具，是人类的竞争优势。

现代心理学通过研究对情绪进行了更加科学的定义，认为情绪由内在、外在刺激引发的生理反应、主观感受、认知评价和行为反应四种成分交互而成。换句话说，情绪不只是一种简单的感觉或感受，它包含以下四个方面的因素。

情绪的生理基础

人类有个非常重要的神经系统，叫作迷走神经。它也是人体内最长、最古老的神经通道，发源于脑干，再通过咽喉、颈部到达心脏、肺部及其他内脏，止于贲门附近。长期以来，科学家都认为迷走神经只跟呼吸、消化等生理活动有关，但现在发现，它与我们的道德感、情绪、幸福的表现等都密切相关。当迷走神经张开时，我们就会拥有积极的情绪，会感到很开心。从生物进化角度来看，这是因为人类在站立起来后，自然而然地希望迷走神经处于舒展的状态。

举个简单的例子，当你在大街上遇到一位美女或一位帅哥对你微微一笑，你会怎么样？你肯定会有感觉，比如面红耳赤、心跳加快、手心出汗等，此时迷走神经就充分舒展了；而当你遇到恐惧或糟糕的事情时，你可能会喊“哎哟”，声音短促、急迫，此时迷走神经就受到压迫。

这些就是生理反应，它是情绪产生的一个很重要的因素。

情绪要有主观感受

当我们遇到意外的事情时，会随之产生相应的主观感受。比如，当你来到一个陌生的环境时，在主观上可能会感到紧张、恐惧；当你被不公平对待时，会感到愤怒、生气；当你从公司领到奖金时，可能会很高兴、开心。这些都属于你的主观感受。

情绪需要认知评价

当我们面对一件事时，可能会有生理反应，也会产生主观感受，但仅有这两者还不叫情绪。要产生情绪，我们还需要对事件进行标签、认知、分析和评价。

比如，在感觉不舒服时，如果你认为自己不舒服的原因来自外界，那么你就会认为这是别人带给你的，这时你可能会产生愤怒的情绪；但如果你认为是自己造成的，那么你产生的情绪可能就是伤心、不安、自责等。这就是非常重要的区别。

心理学家理查德·尼斯贝特（Richard E.Nisbett）在研究中发现，情绪的评价理论是决定我们对外界事情产生何种情绪的一个重要原因。即使是同样的生理反应，如果人的认知评价不同，感知就会不同，产生的情绪也会不同。

著名心理学家斯坦利·沙赫特（Stanley Schachter）做过一个很经典的实验：他给两组被试者分别注射了同一种药物，并告诉他们，这是一种复合维生素，目的是测试这种新药是否会对他们的视力产生影响，但实际上他注射的是肾上腺素和食盐水。

注射了肾上腺素后，被试者会出现相应的生理反应，如血压升高、心跳加速、手发抖、脸发烫等。这时沙赫特发现，当他告诉其中一组被试者，这些表现都是药物注射的作用，那么这组被试者的情绪就很淡定。而对另一组被试者，他什么也没说，只是将他们分别安排到两个环境中：一个是愤怒的环境，一个是愉快的环境。结果发现，在愤怒的环境中，被试者表现得非常愤怒；而在愉快的环境中，被试者表现得十分愉快。也就是说，这组没有被告知注射药物后会有何种反应的被试者，由于所处外界环境的不同，产生的情绪也完全不同。

明明是同一种药物引起的感觉，当自我认知与自我评价不同时，所产生的情绪也完全不同。由此我们也可以说，情绪与认知、评价是密不可分的。

情绪要有外在的行为反应

情绪反应除了有内在的心理体现外，还一定会通过某种外在的行为表达出来，这就是情绪社会特性的体现。所以，我们在高兴时会唱歌、会大笑，愿意与人打招呼，愿意拓展社会关系；而在伤心时则会沉默不语、不想见人。这就是人类的情绪，它不是纯粹生理的或心理的感受，而是一定会通过某种行为体现出来，让他人或社会感受到的外在反应。

经由情绪这个入口，我们才得以窥探一个人的心理状态。当然，科学家与认知神经科学家现在的全部工作偏好就是用各种物理仪器与化学试剂对大脑与神经系统进行监测与揭示。心灵导师则喜欢持续地运用那些听起来无比动人的文学化的语言来表达那些可以让人心潮澎湃的醒世恒言。瑜伽、冥想、禅定、辟谷等体修人士则几乎对所有说理、说哲、说科学早已免疫，他们追求的是行动的境界：别人不懂没关系，他们也没心思向他人解释那种只有在体修时才能意会不可言说的神秘体验。

情绪与心态的定义就这么被人们像揉面团一样随着自己的心情揉成了不同的形状。事实上，个体的心理状态是否健康完全可以从情绪上窥得一斑。虽然并不全面，但显而易见的是，情绪是最容易从外部观察、体验和测量的心理状态。从当下流行的存在心理学派的角度来看，人最深切的存在感是一切人生活动与人生意义的根源。

情绪背后的心理防御机制

许多家长与老师在教育过程中，都会遇到与孩子无法沟通的问题。尤其是到了青春期，孩子不再愿意和家长分享自己的事。还有的孩子在与家长发生矛盾与冲突时，会表现出强烈的封闭倾向，一言不发，面无表情，身体姿态僵硬，眼神冷漠，或者表现出一种玩世不恭的态度。严重时将导致孩子与家长之间巨大的隔阂与矛盾，甚至发生恶性事件。

几年前，我看过一篇报道，一位父亲因为孩子总玩手机，很生气，在劝说无用的情况下，愤怒的父亲直接抢下孩子的手机从楼上扔了下去。面对这种境况，孩子竟然用了一种更为极端的方式——跳楼轻生来表达自己的愤怒。

每次看到类似的事件，我都十分痛心。事实上，有很多种方式可以避免这类恶性事件的发生，也有很多机会与方法可以挽救一条年幼的生命，保护一个完整且幸福的家庭。但是，偏偏很多家长意识不到儿童教育中“懂得是最好的爱”这个道理，不懂孩子，更不懂科学，也不懂科学养育，以致长期以来创造并放大了自己与孩子之间的矛盾，最后造成无法挽回的恶果。很多专家都讨论过类似的问题与解决方案。这里我想从心理防御的科学角度对类似事件的心理原因进行一些解读。

什么是心理防御机制

1894 年，著名心理学家西格蒙德 · 弗洛伊德（Sigmund Freud）在《防御型神经精神病》一文中，第一次提到“心理防御机制”这个概念。弗洛伊德指出，心理防御机制是“个体在潜意识为减轻、回避和克服本我和自我的冲突带来的挫折、焦虑、紧张等心情，而采取的一种以保护自己为目的的防御手段”。

弗洛伊德是最早从心理学角度对与人类极端负面情绪相关的心理状态进行分析的研究者之一。虽然今天随着心理科学的发展，弗洛伊德早期关于潜意识作用与心理防御的关系的解说已被后来的心理学家进行了修正与完善，但心理防御机制作为人们认识心理现象的一种概念，仍然具有强大的生命力。

用今天心理学家公认的说法，心理防御机制就是指个体面临挫折或冲突的紧张情绪时，在其内心活动中具有的自觉或不自觉的解决烦恼、减轻内心不安，以恢复心理平衡与稳定的一种适应性倾向。

心理防御机制是人类心理现象中一种客观的存在，是人“趋利避害”的生物特征的典型体现。它意味着每个人在遭遇对自己不利的情况时，都会产生一种心理防御机制。不同的人，其心理防御机制的强弱程度也是不同的。那些脆弱的心理防御机制往往不具备理性与逻辑，而强大的心理防御机制则能在很大程度上克服情绪的表露，展现一种理性与逻辑的状态。

那么，如何构建健康的心理防御机制？其实，良好的社会支持状态可助益我们的身心健康：一方面，它能对应激状态下的个体起到保护作用；另一方面，它还能更好地维持个体良好的情绪体验。所以心理学家认为，社会支持状态也是一个人成熟与否的重要心理健康标志之一。当我们进入成年后，我们在社会生活中拥有的地位、资源很大程度上都依赖我们与他人的关系。与他人正常、积极的关系会对我们的身心健康十分有益。

教育中不必要的附加冲突

教育中存在着不同参与者之间心理防御机制的博弈问题，我将之称为“不经意脱离教育本身目的的一种附加冲突”。这个定义有点晦涩，通俗的理解就是，在一个教育场景或情境中，比如孩子考试考砸了，教育的参与者——家长与孩子本来的目的是解决考砸的问题，但对话过程中却不可避免地陷入一个“不必要的附加冲突”——关于笨不笨和爱不爱的问题。

从本质上来说，考试考砸了与笨不笨、爱不爱之间并没有直接或必然的逻辑关系。但家长会受情绪左右，把自己的焦虑、担忧、气愤转化为对孩子人格状态不健康的主观假设，同时对孩子的表现、对自己的付出、颜面损失进行防御性设定。

与此同时，孩子本来应该反思自己为什么考砸，寻找解决问题的正确方法，但受情绪的影响，关注点变成对父母的爱纯粹与否的人为假设，以逃避自己在别人面前丢脸或者没有满足父母的期待而有可能产生的损失。

在考砸了这个具体的情景中，无论是家长，还是孩子，都面临一种非理性的由情绪主导的心理防御机制的对抗。不成熟的亲子关系，或不懂科学的教育方式，让家长一次次地在类似情景中丧失对孩子的控制力与影响力，而孩子也会对父母不再信任，这给亲子关系带来无穷无尽的冲突、争吵或冷战。在这种状态下，每一方都认为自己是受害者，是不被理解、不被尊重的人。

因此，绝不要小看亲子教育中心理防御机制的作用，处理好了，会成为积极生命的助力与动力；处理不好，则会成为生命的羁绊，导致家庭悲剧。

由此可见，心理防御机制既有积极意义，又有消极意义。其积极意义，就是可以恢复心理平衡，而消极意义则会导致压力缓解后的退缩与恐惧，甚至会通过否定、掩盖、转移等方式来掩饰内心的挫败感，拒绝直面问题，而逃避只会让问题愈加严重。

那么，我们该如何判断自己的言行、情绪是否源于心理防御呢？

这就需要我们具体来了解一下心理防御机制的分类。

心理防御机制的三种情况

以弗洛伊德为代表的早期心理学家，将心理防御机制分成三类：不成熟的、中性的和成熟的。这种分类方法一直延续到了今天。

1. 不成熟的心理防御机制

不成熟的心理防御机制不仅会把我们引向糟糕的生活状态，还会对我们的人际关系造成严重影响。因为心理防御机制不仅体现在对潜在的直接风险与损失的防御，也体现在对可能产生的收益损失的规避。

类似下面这些情况都属于不成熟的心理防御机制。比如，一些人在遇到困难时，首先想到的是逃避，而不是解决问题；在被上司训斥之后，把满腔怨气发泄在配偶或孩子身上；孩子犯错时，家长完全被愤怒冲昏头脑，不加克制地大肆批评；对孩子极端溺爱，孩子犯了错也不制止与教导，认为这些都是小事情，孩子长大了自然就懂事了，等等。

通常来说，不成熟的心理防御机制包括以下几种。

（1）压抑

压抑就是在潜意识中有意地防止痛苦或危险的想法进入自己的意识，以避免自己受到负面信息影响。比如，孩子考试不及格，被父母批评后，就会不断地强迫自己忘掉这次糟糕的经历。

（2）否定

否定是指通过拒绝承认某个不愉快的信息或事实来维持内心的平衡。比如，一个二年级的孩子在文具店偷了一支笔，结果被店主发现。孩子拒不承认偷了东西，即便父亲来了，在大雪天里让孩子罚站，孩子也不承认。这就属于典型的对事实的否定，以求得内心平衡。

（3）幻想

幻想是指通过假想自己获得某种成就来满足自己没有实现的愿望。比如，因为体弱而经常被欺负的孩子，就会常常幻想自己变成一个大力士，让别人都怕自己。

（4）行为倒退

有时，成人或稍大一些的孩子，会有意识地倒退到早期的发展水平，做出一些幼稚的行为。比如，有些大人在遭受痛苦难以忍受时大喊大叫：“妈呀！”或者躺在床上，蒙上被子，不肯见人。

（5）发泄

有些人在心情烦躁、恼怒时会做出一些冲动的事。比如，一不开心就暴饮暴食，或者买很多东西。有些夫妻关系不好，就会出现家庭暴力或冷战现象。有些家长与孩子发生矛盾，不想办法解决问题，反而出去找朋友喝酒，借酒消愁。

这种发泄行为很多都与习得性无助相关，因为解决不了问题，或者不愿意解决问题，久而久之便形成一种消极的习惯性偏好。这种无助感很折磨人，只能通过发泄来平衡心态。

2. 中性的心理防御机制

中性的心理防御机制是介于不成熟与成熟之间的一种心理防御机制，它一般包括下面几种情况。

（1）转移

最常见的中性心理防御机制是转移。这种情况通常是为了避免自己对某些人或事表现出愤怒，让自己陷入更多的麻烦，于是就把这种愤怒转移到自己能发泄的对象身上。比如，有些人在外面受了委屈后，回到家就把怨气发泄在家人和孩子身上，无端地制造一些冲突。对于这种情况，我们特别不支持，也强烈规劝有这种行为习惯的人士提高自己的修养，合理转移不良情绪。

学会正确地转移不良情绪，非常有益于维持自己的心理健康。比如，你可以把情绪转移到一些物体上，或转移到一些有益的活动上，如运动、唱歌等。

（2）抑制

有时，我们完全忘记了一些不愉快的经历，这就是抑制机制在发挥作用。比如，教育中最常见的一种情况就是孩子对曾经犯过的错误一而再、再而三地犯，也就是大人常说的“不知悔改”。但在心理学家看来，这种情况很可能是有一种抑制的心理机制在起作用。因为那些不开心、让自己伤心难过、不愉快的经历，对于孩子来说影响更大。在这种情况下，孩子的抑制功能发挥作用也是可以理解的。

还需要注意的是，这里提到的抑制与我们经常说的压抑是不一样的。抑制是一种自然产生的负面情绪，是一种体验的自然性记忆丧失，它在很大程度上具备生物自然性。而压抑更倾向于主观的可控情绪反应，是经过一定的认知加工与情绪整理后的结果。

（3）反向的行为表达

反向的行为表达是指通过做出夸张的、与自己实际想法相反的行为来规避某些危险的想法。比如，幼儿园或小学阶段的孩子都有一种特别明显的现象，就是如果他喜欢一个异性同学，那么他表现出来的并不是积极主动地接触或讨好，而是明明很喜欢，却故意恶语相向，甚至刺激、贬低、打击对方。如果不理解这种现象的深层原因，我们的处理方式也很难恰当。

在这种情况下，我们只需要坚定而温柔地告诉孩子不要做出伤害别人的行为即可，完全不必找老师告状，或对孩子的人格进行否定或批评。因为在这种情况下，孩子表达的其实是一种朦胧的爱，只是不太懂得或不确定用哪种方式才能得到对方的关注，才用反向的行为来表达。

（4）投射

投射是指把自己的感觉、缺点和一些龌龊的冲动投射到别人身上。比如，有的孩子考试作弊，就认为那些成绩好的孩子也作弊。当被老师或家长发现时，他们就振振有词地将自己的假设当成现实说出来。这时，我们要理解孩子的投射心理，这样就不至于认为孩子有道德品质败坏等人格问题。因为任何一个孩子都希望自己在成人眼里是完美的，正因为他们知道自己不完美，才想尽办法找借口证明自己其实是符合要求的。这是一种极度渴望被接纳、被认可、被爱的心理需求。

（5）合理化

合理化也叫掩饰作用，是指在遭受挫折和无法达到目标，或者行为表现不符合社会规范时，有的人就会找出一些理由为自己辩解，以此掩盖面临的窘境；或者隐瞒真实动机和愿望，进而为自己的行为开脱。比如，有些学生认为考试成绩不佳，是因为老师讲得不好，或者老师对自己不重视。当他们这样想时，心里就会感觉很轻松。

合理化的一个常见表现就是“酸葡萄心理”。如同在著名的《伊索寓言》中，那个吃不到葡萄就说葡萄很酸的狐狸。有的人得不到自己想要的东西或实现不了某些愿望，就会说这个东西不好，这件事不靠谱，其实这都是为了冲淡自己因得不到某种东西而产生的不安情绪。

另一种常见的合理化表现叫作“甜柠檬心理”，它的表现与“酸葡萄心理”正好相反，不是说自己得不到的东西不好，而是百般强调凡是自己拥有的东西都是好的。因为他得不到葡萄，只能得到柠檬，所以就不断强调柠檬是甜的，以此来减轻自己因得不到葡萄，内心所产生的失望与痛苦。比如，有些孩子资质平平，没有特别出彩的地方，他们就会说“傻人有傻福”“太聪明的人不好”“某某很聪明，但总犯错误，总被老师批评”等。“甜柠檬心理”并不完全是不好的，有时它可以激发乐观心态，但过度不理性或盲目的“甜柠檬心理”则是有害的，让孩子失去前进的动力，面对困难时容易找各种借口，这时就需要教育者进行干预。

3. 成熟的心理防御机制

成熟的心理防御机制也叫积极的心理防御机制，它与不成熟的心理防御机制形成鲜明对比，是身心健康的人一生都在使用的心理机制。

成熟的心理防御机制通常有以下几种表现。

（1）分离

分离是指通过严密的逻辑归纳，在认识上把那些矛盾的思想和感觉彼此分离开来，以此避免内心的冲突。任何一个受到伤害的人，只要冷静地回顾一下自己受伤的原因、背景，归纳一些预防此类伤害的方法，就能减少内心的冲突。比如，犹太人在二战期间遭受过严重的迫害，于是一些人就通过写日记的方式把自己的痛苦经历写出来。后来有研究发现，这些能把自己痛苦的经历倾诉出来的人，通常比那些压抑着不说、不想的犹太人至少多活 10 年。这就说明，能够冷静地分析自己的痛苦体验，反而能将内心的痛苦释放出来，从而减轻痛苦对自己的伤害。

（2）补偿

补偿是强调利用自己某些有价值的特质来弥补自己客观存在或主观存在的一些缺陷。比如，一些身体有残疾的人会通过努力使自己在其他方面表现得更加优秀；外形不理想的人会通过提升自己的知识水平等方式来弥补外在劣势；在某些方面天赋不足的孩子会主动寻找那些更加符合自己天赋的内容与家长沟通，并取得相应的成就。

（3）升华

升华是指将个体的欲望和冲动转化为能被社会允许或赞许的事物。比如，当你嫉妒别人比你学习好或工资高时，就通过夜以继日的努力来提升自己，超越对方。

历史上有许多这样获得心灵升华的例子，如西汉时期的文学家司马迁在被施以宫刑之后坚持撰写《史记》；德国文学家歌德在遭受失恋的痛苦后创作了《少年维特的烦恼》；著名音乐家贝多芬在失聪后创作出伟大的《命运交响曲》等。

现实生活中这样的例子也很多，比如一些高考落榜生，经过一年的复读，取得了更好的成绩，考上了理想的大学。一些年轻时并不出色的人，进入中年后厚积薄发，取得很大的成功。当问这些人是怎样实现这些转变的时，他们会说自己是在某个时刻突然顿悟，意识到了生命的质量与价值，并找到了自己新的生命追求，改变了自己的行为。这些人摆脱了负面情绪，于悲痛中蜕变成强者。

（4）幽默

幽默是指用轻松、幽默的语言来化解内心的焦虑、痛苦等情绪，比如通过调侃、自嘲等方式来宣泄内心的郁闷和不愉快的体验。

著名心理学家芭芭拉·弗雷德里克森在《积极情绪的力量》一书中，特别强调了幽默逗趣的积极作用。在芭芭拉的积极心理学理论里，幽默不仅是一种能力，更是一种积极天赋的展现，这样的天赋与幽默本身具备的积极情绪特征相关。如果说“会开玩笑”属于一种主观能力，那么幽默则带有一种自发性。只是幽默这种情绪更容易通过语言、行为来表达，而不像恐惧、焦虑或快乐那样，通过面部表情直接表现出来，以致让人们误认为幽默只是一种能力，而不属于情绪范畴。

（5）利他的公益行为

这种机制是指通过做一些对社会有意义的事来化解个人内心的焦虑、烦恼、痛苦和内疚等不良情绪，从帮助他人的过程中获得快乐。多项研究表明，那些乐于助人的青少年心理更健康，也更积极、活跃，敢于迎接挑战，患抑郁症和自杀的概率也更低。

利他最常见的行为就是做公益。人在做公益时，不仅道德感会获得升华，还会产生一种积极的身心反应。梁漱溟先生在《人心与人生》一书中，就曾说过这样一段话："仿佛自己越是在给别人有所牺牲的时候，心里特别觉得痛快、酣畅、开展。反过来，自己力气不为人家用，似乎应该舒服，其实并不如此，反是心里感觉特别紧缩、苦闷。所以为社会牺牲，是合乎人类生命的自然要求，这个地方可以让我们生活更能有力！"

由此可见，助人为乐是消除我们负面情绪体验的一种有效途径，所以利他也是一种非常有效、有意义，且能马上实现的积极心理防御机制。

以上就是心理防御机制中最常见的几种情况。不过，心理学家与教育家通过大量的研究与实践发现，对于很多孩子来说，最容易运用的心理防御机制通常有三种：否定、行为倒退和投射。对照前述的种种心理防御机制，我们可以看到，这三种防御机制显然都不太利于孩子身心的健康发展。

那么，作为父母，我们怎样发现、发展和培养孩子养成健康的、成熟的心理防御机制呢？我们就要先看看孩子平时偏好哪些心理防御机制。然后分析这些机制中哪些属于不成熟的，哪些属于中性的，哪些属于成熟的。如果孩子选择不成熟或中性的防御机制偏多，那么我们就要采取一些必要的措施来改变孩子的行为偏好。最终我们要帮助孩子了解自己，认识自己的行为和情绪，进而通过引导，让孩子学会与消极情绪和谐相处，帮助他们寻找积极的情感体验，从而逐渐摆脱不成熟的心理防御机制，建立积极的心理防御机制。

积极情绪的力量

你是喜欢与乐观开朗、笑口常开的人交朋友，还是喜欢与悲观消极、整天愁眉苦脸的人交朋友呢？我相信，绝大多数人都会选择前者，因为他们的积极情绪会感染我们，让我们也跟着乐观开朗起来，达到情绪上的共鸣。积极情绪不仅能帮助我们与更多的人建立人际关系，有时候甚至会带来好运气。

27 年前，当我从美国密歇根大学博士毕业后，就给向往的世界知名大学心理学系发出求职申请。郁闷的是在接下来的半年多里，我的求职信虽然得到了校方礼貌的回复，但一直没有获得正式邀请。而同时，我的几位博士同学已经陆续接到其他大学的邀请，虽然这些大学不是我所中意的名校，但我还是感到有些失落，时不时地冒出一些焦虑感。虽然我是一个专业的心理学者，十分了解焦虑情绪的坏处，但我同时也是两个孩子的父亲，面临着养家糊口的现实压力。

早在1994年，我就发表了一篇文章《文化与归因》，并且得到了学术界的高度认可。也正是通过这篇文章，心理学界的同人了解到我是东西方跨文化沟通最早的心理学奠基者之一。在我的论文发表不久，在不同的学术会议场合，一些高校的教授与心理学系的负责人纷纷向我表达了在我毕业后邀请我去任教的意向。其中，一所亚洲的顶尖高校给出了即便是现在来看也极为诱人的薪水与待遇。只是我当时还没有毕业，我的导师约翰·奈斯比特（John Naisbitt）先生也不太赞同我去这所在全球心理学界不占主流地位的学校。最终，我怀抱着极大的感激之情婉言谢绝了这所学校的厚意。不过，通过这件事，我对自己毕业后的求职充满了信心，相信自己有实力与能力进入一所心仪的院校。

然而，在毕业半年后，当发出第16封求职信时，我心里开始被焦虑与不安充斥。按常理，即便是慎重考察，半年时间也够了，但我却没有收到回复。在孩子面前，我不能表露出任何不安，就像电影《星际穿越》里男主人公说的那样："你不能对着一个10岁的孩子说去拯救世界，因为孩子需要的是安全感。"所以，当两个孩子蹦蹦跶跶地跑到我面前，拉着我的手让我陪着他们坐过山车时，我真有一种强颜欢笑的感觉。但我知道，在孩子们面前必须保持积极乐观的状态，哪怕是装出来的。

陪孩子们坐过山车时，我的笑很大一部分都不是发自内心的愉悦。即便如此，我还是懂得了一个道理：就算在最不确定的时候，也要对自己充满希望，更何况事情可能并没有想象的那么糟糕。

后来我知道，当年美国心理学专业名校全部收紧了编制，比如哈佛大学、耶鲁大学等，都没有录用新的教工。它们很早就愿意接纳我成为新教工，只是受当时的社会条件所限，不得不延长了审核时间。对于学校的负责人来说，他们无法录用我的焦虑丝毫不比我等待他们的录用少。

后面的故事，就有点儿“命运自有安排”的戏剧性了。就在我跟孩子们从迪士尼乐园回到家时，收到了来自加州大学圣迭戈分校的录用回复。这是我求职申请名单中第一个正式回复的名校。接下来的两周，我陆续接到了多所大学的录用回复。到最后，投出的16所名校，包括我喜欢的加州大学伯克利分校、芝加哥大学、康奈尔大学等，竟然全部同意录用！我创造了美国心理学界历史上博士毕业生求职的一个纪录——投出的16份求职申请百分之百地得到了录用回复。这真是让人意想不到的结果。而我的情绪也在这个过程中像过山车一样经历了大起大落……

多年之后，当我与哈佛大学、耶鲁大学的心理学系负责人聊起这件事时，他们打趣地说，如果当年他们学校也招教工，我也一定会被录用。我很好奇地问他们：“为什么你们认为我会被录用？”他们的回答有些出乎我的意料。他们并没有首先提到我的学术成就。当然学术成就是基础，决定录用我是因为我给他们留下的印象。他们告诉我：“你知道吗？你很出名的。除了你的学术很棒，还因为你朝气蓬勃、亲和善良，而且总是情绪饱满，积极正向。东方人大多很内敛，让我们不知道他们在想什么，但你不同，这让我们觉得与你更加容易沟通。”

我很少向别人提起这段经历，现在之所以将自己年轻时的经历分享出来，是想说明积极情绪的培养对一个人漫长的人生多么重要。尤其对于孩子来说，更早地让他具备控制情绪、把握情绪、驾驭情绪的能力，与他在学业上考个好分数同样重要。

学会应对人生中的不确定性

人生漫长，原本就充满了不确定性。有些时候，即使在自己特别有信心的领域，客观事态的发展也并非完全如我们所愿。我们经常会感到焦虑，一个重要原因就在于对不确定性和未知世界的深层恐惧，这是人与生俱来的进化特质，并不会因为你是学霸或学渣而有所区别。

对于分辨能力不强的孩子来说，现在不断加快的生活节奏，不断丰富的信息量，不断出现的种种诱惑，让他们更加难以在短时间内接受和适应，因而也更易受到不确定性、非连续性事件影响。所以，孩子面临的最大挑战之一就是如何面对因此出现的种种不良情绪。不良情绪一旦出现，就会严重影响心情，降低能动性，甚至会导致孩子陷入比较严重的心理困境与生活困扰。这个时候，也是孩子最容易犯错、最容易被打败、最容易丧失自信的时刻。那么，我们要如何引导孩子有效应对人生中的种种不确定性呢？

著名情绪研究专家芭芭拉·弗雷德里克森专门研究人类积极的情绪30多年，成就斐然。在《积极情绪的力量》一书中，她提出了人类的10种极其重要的积极情绪，包括喜悦、感激、宁静、兴趣、希望、自豪、幽默、激励、敬佩和爱。在芭芭拉看来，积极的情绪可以让人生机勃勃。积极情绪虽然非常脆弱和个人化，但是能令人眼神活泼、面庞柔和、微笑洋溢，并且让所见之人从心里由衷地感到和谐与美。

书中有一段特别让人感动的话：

把你想象成春天的一朵花，你的花瓣聚拢，紧紧围绕着你的脸。即使你还可以看到外面，也只有一点点光线。你无法欣赏到发生在身边的事情。然而，一旦你感受到阳光的温暖，情况就变了。你开始变得柔软。你的花瓣放松，并开始向外伸展，让你的脸露出来，并拿掉了厚实的眼罩。你看到的事物越来越多，你的世界相当明确地扩展着，可能性不断增加。

这段话十分富有诗意，也是她关于积极情绪理论最核心内容的形象表述。

孩子在真正成长起来之前身心都是很稚嫩的，就像花瓣一样。同时，他们身上也有着太多的可能性与不确定性。因此，我们不能想当然地认为孩子会成长为一棵成熟的大树，具备能够抵抗风雨的坚韧心理。社会习惯于让孩子活得像个“小大人”，这样的孩子会被赞赏和鼓励，被冠以“懂事”“听话”“好孩子”“受欢迎”等标签。当然，这些的确是优秀的品质，但也要分孩子面对的是什么事。如果大人只是站在自己的角度提出一些根本不符合孩子的认知规律与生命发展规律的要求，不顾及孩子的感受，不能让孩子产生积极的情绪，那么无异于揠苗助长，会让孩子更加焦虑。

帮孩子修建“心理护城河”

哈佛大学“哈佛学前项目”总负责人伯顿·怀特（Burton White）是美国多所学校的教育顾问。他带领科研团队在30多年的儿童教育研究中发现，以积极情绪建构为代表的儿童人格素养培育，对于一个孩子的终身成长有着巨大的作用。他指出：“没有任何问题比人的素质问题更重要，而一个孩子在青少年时期的经历对于其基本人格的形成有着无可替代的作用。”

今天，位于全球各地的顶尖心理学科研机构都已经提供了大量证据，证明情绪会触动和改变一个人的生活。当有消极情绪出现时，积极情绪会让人进入最高层面的存在状态——达到最佳水平。这与芭芭拉进行的研究得出了相似的结论。

由此，积极心理学家认为：“由于我们每个人拥有的对自身情绪的控制都远比我们所意识到的要多，所以我们有能力促进自己的成长，并且达到最佳机能水平。理解关于积极情绪的科学事实，将让我们按照自己选择的方向来掌握和驾驭我们的生活。”

所以，我们应该积极引导孩子找到更多的爱好，关注更广阔的世界。让他们知道，人类有很多种生存方式，生命也有很多种存在形式，只要找到自己存在的价值，人生就是有意义的。当孩子能从内心中认同自己，对自己有正确的期待时，这种积极情绪对于他更好地适应社会，在未来取得更大的成功，都具有深远的意义。

用“五施”激发积极情绪

情绪能力发育良好的孩子，主动适应环境变化的能力更强，智力与品质的发展也会更好。那么，作为父母，我们要如何帮助孩子远离那些破坏身心健康、缩小个体认知范围的消极情绪，促进那些能为孩子增加能量、开阔思维、提高幸福感的积极情绪的产生呢？

为了有效地控制负面情绪的影响，我分享一个“五施”原则。这不仅能帮助父母有效地控制自己的消极情绪，还可以引导孩子逐渐学会遵循原则，从而找到属于自己真正有意义的快乐。

言施

言施就是要学会表达、沟通和交流。语言是人类文化知识的载体，人的语言和知识信息从来不是印在大脑前额叶的符号，而是作为神经化学的联系流淌在我们全身。如果你留意就会发现，人们在聊一些社会不公平的事件时会越聊越愤怒，甚至拍桌子骂人。相反，人们在聊一些轻松快乐的话题时会由衷地笑起来。

这是因为人从来不是被动、抽象地理解一些话题和概念的，而是带着身心的体验进行的。所以，多进行积极的表达、沟通和交流，往往就会产生正面效果。尤其当我们在与孩子沟通时，经常使用一些积极、乐观、具有正能量的话语，就会激发孩子的积极情绪，并感到轻松和快乐。哪怕是面对一件不好的事，学会引导孩子看到积极的一面，也能从一定程度上起到缓解作用，让他们的心态变得积极。

在海姆·吉诺特（Haim Ginott）博士的著作《孩子，把你的手给我》中，有这样一个让我印象深刻的故事。

有个5岁的女孩名叫南希。她第一次去幼儿园时，看到幼儿园的墙上有一幅画，就大声地问道："这是谁的画，画得这么难看？"陪南希一起来幼儿园的妈妈听到南希这么说很尴尬，就赶紧告诉南希："南希，你说这幅画'难看'是很不友好的。"

这时，一位真正听懂了南希的提问的老师走过来，笑着对南希说："在这里，你不需要必须画漂亮的画。"听完老师的话，南希开心地笑了。因为她已经得到了自己隐藏的问题的答案："原来就算我在这里画出不好看的画，也是没关系的。”

很显然，这位幼儿园老师很善于与孩子沟通。成人只有通过孩子外在的一些语言和行为了解孩子表现背后的感受和需求，设身处地地理解他们，以孩子期待的语言与之沟通，孩子才会敞开心扉。

身施

身施是指通过触摸、接触自己的身体产生幸福感。比如，在面对胜利时鼓掌欢呼，情绪就会变得非常愉悦。手上最敏感的触觉区域是掌心，不断碰撞自己的掌心，就会产生快乐的情绪反应。同样，开心时与他人拥抱、击掌等，也能给双方带来幸福的体验。

所以，当孩子情绪不佳时，握着孩子的手，抚摸孩子的头，或者拥抱孩子，都可以很好地缓解孩子的情绪，促进积极情绪的产生。

此外，和孩子一起运动、游戏，比如跑步 20 分钟、打球半小时等，会让孩子的大脑分泌各种积极的化学物质，获得开心、兴奋等积极的情感体验。

眼施

眼施是指我们要有一双慧眼关注生活中的变化，看到美好的事物。比如，在季节变化时家人换了一件新衣服、孩子不开心时的小动作、亲人和朋友的优点。因为太忙，我们有时发现不了身边的变化，但是想体会到幸福，我们就必须去关注、发现生活中的美，去向家人和朋友表达我们的爱。

生活其实并不单调，如果我们总想着工作，就会丢失生活，也会离幸福越来越远。所以，下班途中，请放慢脚步，欣赏沿途的风景，发现生活的美好；回到家后，放下手机，关掉电脑，看看孩子的笑脸。这时，你心中涌起的那种温暖、满足的感受，就是幸福。

颜施

科学家发现，人每笑一声，从面部到腹部大约有 80 块肌肉参与运动；笑 100 次，对心脏的血液循环和肺功能的锻炼相当于划船 10 分钟的运动效果。

笑是人类的天性。婴儿出生后一个月就会流露出微笑的表情，不需要学，也不需要模仿，天生就会笑。即使是双目失明的儿童，生下来就看不见别人的笑脸，出生后一个多月也会自然而然地笑出来。

但是，笑也有真假之分，科学家甚至专门做过实验对其进行验证。

1860 年，法国医生迪香通过用电流刺激实验对象的面部肌肉收缩来激活某种情绪和情感，摄影记录下每种情绪和情感对应的面部肌肉活动。结果他发现，真实的微笑信号不仅是微笑肌（附在口腔和颧骨上）受到刺激，使人的嘴角被拉起，还会激活眼睛周围的小肌肉，导致眼睛周围出现皱纹（俗称鱼尾纹）。这是一种内心愉悦的纯净笑容，非常有感染力和亲和力。

相反，那些职业性的伪装笑容往往只有嘴角拉伸出笑意，而眼角是没有微笑表现的。这种笑后来也被人们称为“皮笑肉不笑”，科学心理学的表述则是“皮笑眼不笑”。

著名心理学家保罗·艾克曼（Paul Ekman）为了表示对迪香的敬意，便将所有带有眼角皱纹的真心微笑统称为“迪香式微笑”。

“迪香式微笑”有三个特征，分别为嘴角肌上扬、颧骨肌上提和眼角肌收缩。这是一种特别有感染力的微笑。大量的实验研究表明，拥有“迪香式微笑”的人，在工作与生活中获得幸福感的比例较高，自我评价的幸福指数也较高。

“迪香式微笑”的影响力同样适用于亲子关系。

曼彻斯特大学心理学教授埃德·特罗尼克（Ed Tronick）曾做过一个实验，叫作静止脸实验。实验的过程大致是这样的：一对母子先进行热情愉悦的互动，孩子表现得非常开心。接着，特罗尼克让母亲进入“静止”状态，不管孩子做什么，母亲都面无表情。觉察到母亲异常的孩子，先是尝试用各种办法跟母亲互动，但坚持两分钟后仍然得不到母亲的回应便大哭起来。

后来的实验数据显示，在母亲毫无反应的这几分钟里，孩子的心跳加快，体内压力激素增加。如果再坚持下去，孩子大脑的关键部位的细胞甚至可能会出现死亡。

这个实验提醒我们，孩子需要经常与父母进行愉快的互动，并且父母的情绪反馈对于孩子来说至关重要。基于这一结论，我们平时不妨多向孩子进行“迪香式微笑”，让孩子感受到父母对他的爱与关注，从而维持稳定的亲子关系。

心施

中国有个汉字叫“悟”，而中国人的很多智慧也来自“觉悟”。所谓觉悟，就是用心感受。但在很多时候，我们只忙于培养具体做事的能力，疏于培养内心的感受力，导致心灵枯竭、贫瘠，自己也感到越来越迷茫，越来越不开心。

海伦·凯勒在《假如给我三天光明》一书中，这样描述自己特别重要的心灵体验，也是给所有能够看见世界的人的劝告。她说：“我想知道为什么有人在森林里面走了一个小时却什么也没有看到。我一个看不见任何东西的盲人却看见了无数的事情。我看到一片叶子上对称的美感，我看到了银杏树叶表面那种光滑的触感，我看到了树枝上那种粗糙的凹凸不平。我作为一个看不见的盲人可以给那些能够看见的人一个启示，去善用你的眼睛，就像你明天将会失明一样。去聆听美妙的天籁、悦耳的鸟鸣、荡气回肠的交响曲，就像明天将会失聪一样。去用心抚摸每一个物件，就像明天将会失去触觉一样。去闻花香，去品尝每一口饭菜，就像明天你将永远无法闻到香味和品尝味道一样。”

以上的“五施”原则就是在提醒我们，在平时的生活中，我们完全可以在自己熟悉的环境里认真地找一找、看一看那些被我们忽视的事物、美好的细节。只要我们仔细去观察、去发现，就一定会有新的领悟、新的感动。而对于孩子来说，激发积极情绪，感受幸福的方法有很多。只要我们善于引导孩子探索和发现世界的美好，多去看那些积极正面的事物，多培养孩子感受情绪的能力，他们就一定能体会到更多有意义、有价值的东西。

消极情绪也是孩子的朋友

在家庭生活中，我们和孩子都会产生消极情绪。比如，我们在工作中出现失误，被老板批评；开车回家的路上，被驾驶技术不佳的人剐蹭；回到家发现孩子没写完作业就打游戏……这些都会引发我们的消极情绪。同样，孩子也会产生消极情绪，如考试没考好，跟最好的朋友发生了矛盾，自己最喜欢的玩具不小心被弄坏了。

别把消极情绪当敌人

有些家长觉得，消极情绪太负面，使人不开心，应该杜绝这些不好的情绪。他们不仅对自己有这样的要求，还希望孩子能一直快乐，不要产生任何不好的情绪。其实，这种想法是非常错误的。

实际上，情绪是人类在进化过程中出现的一种适应机制，可以保证人类生存。比如，当我们对一个新的环境感到害怕时，这种情绪就会促使我们逃跑，摆脱险境；当我们感到愤怒时，它能促使我们攻击或示威，以保护自己及自己珍爱的人和事；当我们感到伤心时，它会促使我们关注自己重视的人和事，提醒我们避免出现更大的损失；当我们感到厌恶时，它又促使我们逃离自己讨厌的环境，让我们能远离有害、恶劣、不道德的事情；当我们感到焦虑时，它还可以促使我们集中注意力应对危险，提醒我们危险就在身边。

总之，那些看起来非常消极的情绪，并不是百害而无一利的。它们具有一定的警报作用，及时且必要地提醒人可能遇到的危险或可能发生的损害，并促进人们以最可靠的方式做出避害反应。所以，我们不需要完全把消极、负面的情绪当敌人，也不需要刻意去抗拒它。消极情绪是我们自身的一部分，同时也是我们的朋友。只是这个“老朋友”有时比较难相处，脾气也不太好，需要我们了解其脾气秉性，从而更好地与其保持融洽的关系。

对于孩子来说，出现消极情绪同样是正常的现象，父母完全不必对此大惊小怪，因为我们小时候也是这样过来的。我们不能因为自己已经成年，能够有效控制自己的消极情绪，就剥夺孩子面对消极情绪的机会。相反，我们虽然不鼓励父母加强孩子的消极情绪，但也希望父母能正视孩子的消极情绪，不要因为这些正常的消极情绪而戴着有色眼镜看孩子，更不能因此而否定孩子种种优秀的表现。

同时，我们也要对自己的情绪有正确的认知，不能只看到孩子的消极情绪，而忽略自己也会受消极情绪影响。在很多案例中，我们发现，首先出现消极情绪的恰恰是作为教育者的父母，而不是作为被教育者的孩子。因此，在这个问题上，与其试图控制消极情绪，倒不如引导双方正确地处理情绪，学会与消极情绪和平相处。

正确处理孩子的消极情绪

具体来说，我建议父母按以下两种方法正确处理情绪问题。

1. 引导孩子正视自己的情绪

有一次，一位亲戚带孩子到我家做客。她的孩子当时5岁多，是个顽皮可爱的小男孩。小男孩在屋子里跑来跑去，一不小心头就磕到书柜的角上了。估计是磕得比较疼，小男孩哭了起来。他妈妈在一旁看到了，立刻大声地呵斥孩子：“看你不听话，乱跑！哭什么哭，有什么好哭的？”孩子被妈妈一吼，硬生生地把眼泪憋了回去，委屈极了。

我当时就制止了亲戚的行为，告诉她："孩子一定是磕疼了，心情很不好。你这样只会让他更难受！"

然后我就走过去，拉着小男孩的手说："刚刚磕疼了，你很难过，对吗？"孩子点点头。我又说："你难过是正常的，如果我磕疼了，我也会难过，所以你哭并没有错。"

孩子听我这么一说，一下子哭了出来，可是不一会儿就又开开心心地玩去了。

我相信很多父母在面对孩子的消极情绪时，都会像我的这位亲戚，通过否定、压制的方式阻止孩子因情绪不佳而表现出来的"无理取闹"行为。

但是，孩子与成人一样，也会有情绪低落的时候，也需要适当的调节和发泄。若长期压抑坏情绪，久而久之，就会令孩子形成一种不成熟的心理防御机制。

因此，当出现坏情绪时，我们要做的是理解孩子，并且让他明白，不管是高兴、开心，还是愤怒、沮丧，都是正常的。孩子只有先从内心正视自己的消极情绪，以后再出现类似的情况时他才会心平气和地面对自己的各种情绪。

2. 教孩子学会正确地表达情绪

孩子年纪比较小时，通常不能准确地表达情绪，但发怒、哭闹等表现无疑是他最直接的情绪表达方式。不过，我们也不能任由孩子一有消极情绪，就通过发火、哭闹的方式，来满足自己的需求。父母需要教会孩子正确地表达自己的情绪，比如当孩子因为某件事没有达到心理预期而发火时，你可以告诉他："如果你感到不高兴，就要说出来。"当孩子表达出来后，你就能判断他为什么有消极情绪，继而再帮他找到解决问题的方法。

这里要注意的是在引导孩子表达时，你的引导语言要简洁、平和，而不是带着比孩子还负面的情绪来指责他，或者用带有倾向性的评价催促他，比如："你又哭闹什么？有事不能说出来吗？""你就是这样，动不动就生气。你不说出来，我怎么知道你怎么了？"这只会加重孩子的消极情绪，更想逃避，不愿跟你倾诉。

相反，如果你用平静的语气询问孩子："能说说你今天为什么不开心吗？""可以跟我说说你怎么了吗？"这样一来，孩子会感觉到你的关注和理解，也更愿意跟你分享自己的情绪和感受。

当然，有时孩子不想说、不愿意说，也不要指责甚至逼迫他。比如有的孩子说："我就想自己待一会儿。""我就想哭一会儿。"在不影响别人的前提下，让他适当地发泄一下情绪也是可以的。

最后，还要注意一点，就是我们的情绪也会影响孩子的情绪，以及孩子处理情绪的方法。如果我们一有情绪就采用不当的方式发泄，孩子会学得有模有样。相反，如果我们能管理好自己的情绪，即使出现消极情绪，也能坦然接纳，并采用积极的方法合理释放，那么孩子就会从我们身上学到积极应对坏情绪的方法，从而真正做到与不良情绪和平相处，拥有积极、健康的心理状态。

管理消极情绪的“五步走”法则

作为父母，在养育孩子的过程中，我们可能经常面对各种各样让人焦虑、抓狂、气愤的情境。这时，一些父母就会选择“吼”或“哄”的方式来处理孩子的情绪。然而，这样只会让孩子的不良情绪积聚或隐藏起来。一旦有“引燃事件”，坏情绪就会再次爆发。

一个比较典型的例子是，孩子因为一点儿小事哭闹不已，我们耐着性子劝说、引导，就是没效果。眼看到了要睡觉的时间，孩子却毫无睡意，这时很多父母就会忍不住发火，对孩子又吼又叫。因为惧怕父母的吼叫，孩子可能停止哭泣，但他内心的消极情绪并没有得到很好的释放。一旦再遇到同样的情况，就可能仍然用同样的方式来发泄情绪。

在这种情况下，我们该怎样控制好自己的情绪，同时正确地引导孩子，帮助孩子提高情绪调节能力呢？我向大家介绍一个“五步走”法则。

第一步：注意自己的心跳

注意自己的心跳，它是衡量情绪的一个重要尺度。人的身体中有一条自主神经系统。它分为两个亚系统，一个叫交感神经，另一个叫副交感神经。这条神经系统正好对应我们的呼吸：呼气时，交感神经被激活；吸气时，副交感神经被激活。当我们受到外界刺激，心跳快到每分钟 100 次以上时，身体就会分泌比平时多得多的肾上腺素，导致我们的大脑充血，失去理智，攻击性增强，甚至会做出伤害他人或自己的举动。所以，一旦你感觉自己心跳加速，想要发怒，就说明情绪要爆发了。

在这种情况下，要想缓解并释放内心的情绪，就要激发我们的副交感神经活动，让副交感神经抑制心跳和抑制肾上腺素的分泌。激发副交感神经活动最有效的方式就是深呼吸。你可以慢慢地、深深地吸气，让吸入的气体充满肺部。如果你能做腹式呼吸，在吸气时就会感觉自己的腹部在胀气，然后慢慢吐气，吐尽后再吸。这样深呼吸几次后，心率就会慢慢下降，焦躁、愤怒的情绪也会慢慢平息。当情绪冷静之后，再去安抚和处理孩子的情绪，就会更加冷静和理性。

第二步：认知察觉，采用自言自语的对话系统

当情绪暂时平稳，我们就可以对情绪进行深入的认知和察

觉，通过自言自语的对话系统分散压力。比如问自己："我怎么了？""我出现了什么情绪？"

接着，再察觉引发情绪的事件，同样是问自己："是什么事让我产生了情绪？""我为什么会愤怒，想要发火？"

实际上，当你逐渐意识到自己的这些负面情绪后，你的情绪可能已经缓解了大半。

第三步：全然接纳自己和孩子的情绪

南非"人权斗士"、诺贝尔和平奖获得者曼德拉因反对白人种族主义而被监禁了20多年。他后来说："当我走出监狱，迈向通往自由的大门时，我已经清楚地意识到，如果不能把悲痛和怨恨留在身后，那么我其实还生活在监狱之中。"

这句话在情绪控制上同样适用。无论是我们还是孩子，出现消极、负面的情绪不可怕，可怕的是不知道、不理解自己和孩子的情绪，完全让自己和孩子被坏情绪控制，这是很危险的。

所以，面对孩子一些令人抓狂的行为，不妨全然接纳自己和孩子当下的状态和情绪，因为这些本来就是人的正常情绪反应。

第四步：反驳不合理认知

在情绪管理理论中，有一个著名的"ABC理论"：A表示发生的事件，B表示当事人对这一事件的看法，C是指基于这种看法而产生的个体情绪和行为反应。

“ABC 理论”认为，引起人们情绪困扰的并不是外界发生的事件，而是人们对事件的态度、看法与评价等。因此，要解决情绪困扰，不应该只是致力于改变外界事件，而是应该改变自己的认知，通过改变我们对这件事不合理的认知，进而改变情绪和行为。所以，当消极情绪出现后，一个很重要的解决方式就是改变我们对这件事的看法和认知。

那么，什么样的认知属于不合理的认知呢？一般来说有两种：绝对化要求和灾难性思维。

绝对化要求是指我们在看待一件事时，总是以自己的意愿为出发点，认为某件事必定发生或不会发生，它通常与“必须”“应该”这类字眼联系在一起。比如，你认为孩子必须在你规定的时间内完成作业，你要求孩子必须在晚上 9 点前上床睡觉，你觉得孩子应该多吃青菜、少吃肉，等等。一旦事情走向与我们的绝对化要求相悖，我们就难以接受和适应，继而陷入情绪困扰。

灾难化思维是指把事物可能产生的后果想象、推论到非常可怕、非常糟糕，甚至是灾难的境地。如果一直坚持这样的信念，那么当看到糟糕的事情发生时，就会陷入极度的负面情绪体验。比如，看到孩子很晚还没有完成作业，就断言如果孩子这拖拖拉拉的毛病改不了，长此以往，连基本的睡眠都没法保障。其实这就是灾难性思维促使我们做出的一些不科学、不合理的判断。

要避免以上这两种不合理的认知，一个有效的方法就是学会反驳。比如，当我们有了上述这些不合理的想法后，就及时在心中自我反驳：

- 孩子不认真写作业是不对的，但我不能因为他犯错就让自己也犯错。
- 虽然我很生气，但如果我冲孩子发脾气，并不能让他更快地完成作业，只是让我自己一时痛快，释放了一点儿压力而已。
- 如果对孩子大吼大叫，我就会把小事变成大事。如果孩子开始哭闹反抗，局面只会更糟糕。

通过这种对不合理认知的反驳，我们的情绪就会平静下来，从而避免与孩子因为某件事发生争吵，加重彼此的消极情绪。

第五步：选择积极的行动

通过上一步的自我反驳，我们就能清楚地看到一些错误行为可能引发的后果，然后相对冷静、客观地面对当下处境，再去寻找积极、正面、有益的方法来解决问题。比如，我们可以这样想：“孩子做事拖拉是不对的，但除了故意磨蹭、拖拉外，有没有可能是因为在课堂上没听懂，遇到了不会做的题目呢？”这时我们再去与孩子沟通，问他是否需要帮助。如果有，那么就找到了孩子拖拉的根源；如果孩子表示没有不会做的题目，那么他可能有些习惯性拖延，这时再询问他为什么这样做：“是觉得写作业没意思，还是就想多玩一会儿再写？”

当你不带消极情绪与孩子沟通时，他的坏情绪也会得到一定的缓解，也会不再故意与你对着干，而是更愿意说出内心的想法。这种用了解、接纳孩子情绪的方法，代替吼叫、责罚的方式来面对孩子的问题，也会让孩子感受到父母是愿意理解他、帮助他的朋友，而不是动不动就教训他的“敌人”。

总之，当父母以解决问题，而不是发泄情绪的态度对待孩子时，亲子关系就会更加密切，而孩子也会从父母的言行中学到更多科学地处理问题和管理情绪的方法，并逐渐为己所用。

构建积极的社会情绪

情绪一方面有自然进化来的天赋，同时也在人类的社会生活与经验中得到了建构，否则我们就成了情绪的奴隶。另一方面，任何有可能的建构都需要原料，这个原料就来自人类的天赋。我们并不是由于心跳、表情、血流、脉搏的变化而产生相应的情绪，而是由于我们基因里趋利避害的密码使得情绪与情绪的表现几乎同时发生。可见，个体情绪受非自然外部环境的影响很大。

这就提醒我们，人类的情绪，无论是大人还是孩子，都是自然的生物天性与社会环境影响共同作用的产物。特别是当大量的个体情绪构成了某种普遍的社会情绪，而社会情绪又反过来加剧了个体情绪程度的时候，我们就必须正视这个问题。因为社会不是进化论产生的，而是人类的杰作，并且是集体的、历史的、文化的杰作。

事实上，虽然个体的心理状态并不能完全从情绪上窥得一斑，但不可否认的是，情绪是心理状态最容易从外部观察到、体验到和测量到的。这一观点，对于社会上的每个人来说都是成立的。

个体情绪通过心理感受构成“社会存在感”

人终其一生都在与世界、他人、自我的关系中发现、确立自身切实的存在感。存在感与内心的深层焦虑是息息相关的，而这种焦虑来自生存、生活与生命三个层次的需求。存在心理学家认为，这种观点符合马斯洛提出的“需求层次理论”。

根据存在心理学的理论逻辑，存在感要通过一个人的安全感、获得感、幸福感、归属感等源于内在对存在意义与价值的渴望而丰富起来。为了保证存在，人的自然选择所形成的生物性特征造就了明确的“趋利避害”的人类脑神经结构与激素分配规律。而社会性存在客观要求又把人类这种对社会的适应与参与，作用到了人类的文化遗传基因之中，从而让人们在保证基本生存的前提下，不断向着更高的美好生活需求进发，而美好生活的需求最终必然会通向真正的幸福。

这种逻辑表述让我们将视野从个体心理转向了社会心理。

其一，个体心理学与集体心理学或者说社会心理学是不一样的。

其二，个体心理学虽然是基于个体的科学研究，但由个体组成的群体、群体与群体构成的更大群体及社会，其社会心态虽然不能一一对应于个体心理学的范式与解释，但是一定会有一些普遍性的心理与情绪可以在社会层面被我们观察与测量评估。

其三，无论是个体心理学还是社会心理学，我们运用这些科学的目的当然可能是探索本质，但更现实的选择则是通过科学塑造更加幸福的人生与社会。

有人曾经批判心理学将自己的使命定义为“造就精英”“构建幸福”“缓释创伤”这三个概念，但有一定心理科学常识的人都知道，无论是哪一种心理学，其最深切的关怀都是人类的幸福与平安。哲学与科学共同诞下了现代心理学这个孩子，它天生就具备哲学与科学的内在精神——追求真理与智慧，探索本质与根源，发现意义与价值，建立理性与实证。这样一门学科，我们完全可以说它能够造就精英、构建幸福。

为了说明个体心理（心态）与社会心理（心态）的异同，我们可以沿着“积极的社会心态”—“社会心态的心理感受”—“心理感受表现出的情绪”这个逻辑，建立一个可以应用于当前生活与社会实践的逻辑框架，我用图 2–1 来表示这个框架。

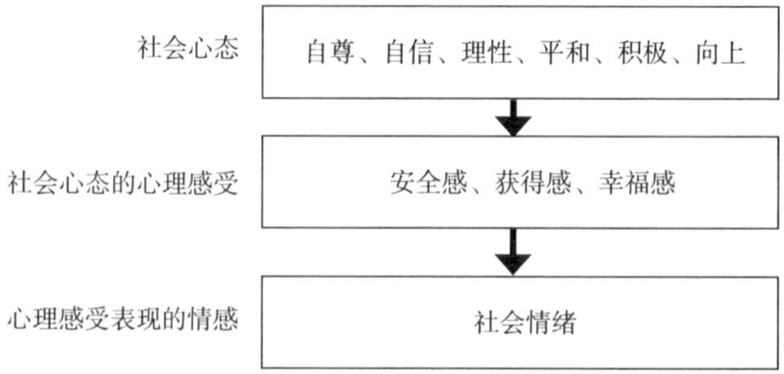

图 2–1　积极社会心态

借助这个理论架构，我们可以对表象层面的社会情绪（或称社会性普遍的情感）通过“安全感”“获得感”“幸福感”等基本的心理感受构成的“社会存在感”来体现。

事实上，个体的存在感整合和群体也形成了相应的社会存在感。一方面，社会存在感给个体存在感提供了丰富的场所，同时也由于其整体性，形成了社会学性质上的超越个体存在感的一个具有独立特征的整体社会性气质的展现。这种展现体现于民族与文化传统，就形成了一个民族的“文化心理结构”；体现于社会，便形成了整个社会的“心理价值取向”。而这种整体社会的心理价值取向广义上来说就形成了社会心态。

通过对社会情绪的观察、测量、把握与控制，可以满足社会民众的安全感、获得感与幸福感这个逻辑进阶的需求，并且经由这种满足而形成一个稳定的社会存在感状态，从而形成一个稳定的社会心态。

归根结底，这一切都是以“幸福”为目的的，幸福也是人类的终极追求。

共同构建积极的社会情绪

积极心理学之父、美国心理学家马丁·塞利格曼就曾经提出了著名的“幸福 2.0 理论”（PERMA）。他指出，幸福是由若干可测量的元素组成的，每个元素都是真实的、可培养的；每个元素都能促进幸福，都对幸福有所贡献，但没有一种元素可以单独定义幸福。这些元素经过科学的分析与归纳主要有 5 个，这 5 个元素构成了自由人的终极追求，并且能整体提高人生的蓬勃程度。

幸福 2.0 理论认为，一个人想拥有蓬勃人生，就必须有足够的“PERMA”。这 5 个字母分别代表幸福人生的 5 个元素——积极情绪（Pleasure）、投入（Engagement）、人际（Relationship）、意义（Meaning）和成就（Accomplishment）。

幸福 2.0 理论认为，人类的美德与品格优势是获得幸福的 5 个元素的基础。一个人只有运用最强的优势，才可以获得更多的积极情绪、更多的意义、更多的成就以及更好的关系。我们人生做出的各种选择，就是为了尽量得到这 5 个元素。你可以在生活中有更多的积极情绪；你可以在工作中或与你爱的人在一起时更投入；你可以有更多的积极关系；你可以有更多的人生意义；你也可以取得更多的成就。

据此，我们大致可以为当下的积极社会心态建设提供一个比较简单的思维逻辑。正如图 2–1 所示，我们需要将具体的积极社会心态标准落到幸福的建构上来。同时，我们也需要将社会幸福建构到积极社会心态上去。

总而言之，无论是对于个体，还是对于社会，情绪都是一个最好也最直接的入口。当我们理解了情绪的真谛，无论你持有哪种情绪观与幸福观，其实都已经在为自己和这个社会提供积极的力量了。最为关键的是，我们经由情绪，能够知道我们的教育中为什么存在这么多焦虑。很多时候，这些焦虑正如我当年毕业求职时所产生的焦虑，都是我们因不了解某些事件的影响而产生的。

| 家庭游戏创设 |

你来比画我来猜

爸爸妈妈与孩子一起做一份情绪表格，上面写出各种情绪词语，如生气、愤怒、开心、兴奋等。然后请爸爸妈妈其中一人当裁判，让孩子比画情绪表格上的情绪，大人来猜；再交换一下，大人比画情绪，让孩子来猜。看看在两分钟的时间内，谁猜对的情绪词语最多。对猜对多的一方给予奖励，对猜对少的给予惩罚（可自行设定奖励或惩罚方式）。

再请爸爸或妈妈采访一下猜情绪词语的孩子或另一方，是通过哪些方法发现对方比画的情绪的。比如是通过面部表情、肢体语言、语气语调，还是通过眼神、说话内容等。再请孩子说一说，在平时的生活中，准确地识别他人的情绪是否重要，以及原因。

第三章

抗逆力

给孩子一颗强大的心脏

美国心理学会提出，抗逆力是个体在面对生活逆境、创伤、悲剧、威胁和其他生活重大压力时良好的适应能力。它是一种能从困难中恢复过来的能力。抗逆力强的孩子，通常能够和除父母之外的成人，和关心他们的人产生强烈的社会支持联系和感情联系。因此，作为父母，我们可以通过在家庭生活中对孩子施以积极正面的影响，提升孩子的抗逆力，让孩子在面对困难时不轻言放弃，成为一个积极、自信、乐观、向上的人。

培养不轻易言败的孩子

2020年11月3日下午，第25届三星车险杯世界围棋大师赛三番棋决赛的第二场比赛进入最后的决胜阶段。参赛选手一位是中国23岁的棋手柯洁九段，另一位是来自韩国的被誉为“最强00后”的20岁的申真谞九段。

巨大的比赛压力让双方一改平时滴水不漏的状态，在对弈中出现了不少失误。此时，棋局变得更加胶着，棋盘也越来越小。这时谁要再犯一个哪怕半目的小错误都有可能输掉整场比赛。双方的胜率也是此消彼长，来回拉锯，棋盘上的火药味儿无比浓烈。

大棋士的巅峰对决

可以说，这是一盘谁都输不起的比赛。如果柯洁胜出，那么这将是他个人的第八个世界大赛冠军，同时他也会成为世界上拥有八个大赛冠军头衔的最年轻的纪录创造者，追平了上一代中国围棋领军人物古力九段的辉煌战绩。而且，这也将是他第二次在决赛中零封[1]申真谞九段，捍卫自己世界第一人的称号。

与此同时，身处韩国对局室的申真谞九段更输不起。如果他输掉这局比赛，不仅意味着他与大赛冠军失之交臂，更为关键的是，他将再一次败给柯洁这位老对手，成为韩国棋迷眼中的“罪人”。

申真谞九段是最近几年迅速崛起的一颗棋坛新星。特别是在过去的一年中，其战绩无比显赫，在各项国内国际大赛中所向披靡，一败难求。全年下来，以高达93%的胜率成为该年度围棋界的一个神话式人物。要知道，他的对手个个都是叱咤风云的大棋士，且其中绝大部分都处于自己职业生涯的巅峰时期。这个近乎神话般的胜率，足以使他成为人类围棋历史巅峰之上的那个人，此时他年仅20岁。因此，很多人说申真谞九段一统天下的时代已经到来，柯洁九段将成为明日黄花。

此次不被看好的柯洁九段同样不容小觑。同一般围棋选手低调内敛的风格完全相反，柯洁九段在场上总是意气风发，甚至有一些“飞扬跋扈”之态。他不仅有围棋天赋，更有年轻人最为可贵的强大自信与越到关键处越处变不惊的强大心理素质，这也使他像得到了上天眷顾一样，年纪轻轻就拿下了七个世界冠军。很多人说柯洁运气好，但他从来都相信“强者运强”。

---

① 在对抗比赛中，如果某位选手打赢对手且使对手每局皆输，则称该位选手零封对手。

在这次比赛中，很多人之所以不看好柯洁，主要有以下几个原因。

第一，柯洁这一年的胜率比申真谞低。

第二，不久前柯洁在“应氏杯”四强战时犯下低级错误，输给了另外一名中国高手谢科，状态不够稳定。

第三，很多人不认同、不接纳柯洁“飞扬跋扈”的性格与“激烈的言辞”。

第四，该届“三星杯”是围棋历史上第一个全部由网络决出冠军的比赛。在网络上下棋，棋手不像实地对局时会受到现场对局室气氛与对方表情、动作、声音等多方面的影响。而柯洁在现场比赛中的各种动作与表情、声音等，是公认的对对手有很大杀伤力的有效武器。

因此在比赛之前，大量信息都预示着这次比赛对柯洁来说难度更大。

一天前的早晨，两位天才进行了第一盘决赛。他们分别经过主办方严格的检查，安静地坐在自己的位置上，对着电脑屏幕落下了自己决赛的第一颗棋子。不论观看比赛的人们如何预测，只有比赛正式落子时，才是验证这些猜测最关键的时刻。

棋局进展得很慢，黑白双方每一子的落下都无比慎重。我们知道，越是重要的比赛，越会对选手造成巨大的心理压力。而且这种压力会在对局过程中不断地影响着人们的判断与计算，平时熟练而严密的思维很大程度上将会因压力而大打折扣。场内场外的各种因素，以及对局者心态的实时变化，使得围棋比赛充满了不确定性与观赏性。这也是围棋比赛最大的魅力所在。

第21手，轮到执黑的申真谞落子。经过长时间的思考之后，电脑屏幕上的第21手居然落在了完全不相关的一路上，这使得黑棋的胜率一下子从80%滑落到10%。下过围棋的人都知道，刚开局时的布局阶段占大场是不可能出现落子在一路上的，一定是申真谞那边的电脑操作出了问题。事实确实如此，申真谞用电脑下棋时，鼠标线不小心碰到了触摸板，于是就出现了一个“一路落子”的意外。

不过，“三星杯”的比赛规则规定，如果出现意外情况，选手没有第一时间向主办方及对手申述，棋局就要继续下去。当第21手出现时，通过网络直播我们可以看到，申真谞处于一种“极度蒙”的状态。他没有第一时间找工作人员正常申述，也没有向主办方提出任何实质性的补救措施。另外一边的柯洁，面对突然从天而降的“大馅儿饼”，刚开始的反应也是不敢相信，但他迅速恢复到正常对局的状态，把意外事件的影响降到最低。几手后，棋盘上呈示，申真谞的黑棋胜率达到22%。

根据围棋AI（人工智能）的分析，此时棋盘上双方还没有下到30手，距离定论一局棋的胜负还为时尚早。事实上，在历次大赛中，低于22%胜率的棋最后逆转翻盘的不在少数。也就是说，虽然申真谞不经意间犯了一个巨大的序盘错误[①]，但棋局远没有到绝望的程度，甚至可以说还是很有希望的。而这种事件对于对方的影响却是巨大的，因为突然出现的巨大优势会导致棋手心态的变化，走出几步缓手后马上把即将到手的优势全部葬送。

遗憾的是，申真谞显然没有做好心理准备。在接下来的进程中，他一直受之前滑标的影响，失误一个接着一个。结果这局棋只进行了120手就草草结束。人们在无比同情申真谞的意外滑标之外，也对申真谞脆弱的心理状态颇感遗憾。正像解说员评价这一局棋时说的那样，申真谞这一局虽然遭遇了“天灾”，但棋局尚早，而且柯洁也受优势心理影响，走了缓手，让黑棋的胜率马上回到20%以上。可是之后申真谞走的几手不合理的棋，就属于“人祸”了。

带着1∶0的比分，一天后，两个人又坐在了各自的电脑前，接着我们就看到了本文开头时的一幕。第二局比赛，没有再次出现滑标事故，但从棋局的进程来看，申真谞的确实力强劲，在开局阶段就占据巨大的优势。之后进入中盘，柯洁妙手连出，一举扭转了局势，并且将自己的胜率提高到80%以上。一切似乎都预示着柯洁将再一次兵不血刃地拿下比赛。

① 序盘是围棋最开始的阶段，也叫布局阶段，通常指前50手，也有比较早进入中盘阶段的。一局围棋，可以分为序盘（布局）、中盘、终盘（官子）三个阶段。序盘错误指序盘阶段下了错棋。

但是，进入收官阶段之后，风云突变，柯洁执黑181手一步“粘”的大恶手，误算了白棋之后强烈的反击手段，迅速将黑棋推向即将失败的泥潭。一串操作之后，柯洁的黑棋胜率已经低到0.9%，从天堂掉到地狱只需要一手坏棋。而且，与第一局申真谞的情况相比，这时柯洁的局势更是失之毫厘，谬以千里，棋盘上几乎已经没有什么空间可以施展。连现场解说员都已经放弃希望。

巧的是，就在这个关键时刻，申真谞又开始犯错了。他在柯洁的拼命强攻之下瞻前顾后，举棋不定，造成白棋第210手、212手连续失误，没有计算清楚得失的大小。而柯洁则在绝境之中一点点缩小差距。柯洁强大的战斗力与申真谞几个微小的计算失误，彻底摧毁了申真谞最后的心理防线，幸运女神再次站在心理更强大、精神更坚韧的强者一方。柯洁执黑以围棋盘上最小的优势——半目胜出！

这个半目和之前一局的滑标，充分展现了两位对局者在面对顺境与逆境时心理状态调整上的巨大差异。

首先，柯洁能在几乎没有任何机会的绝境下以0.9%的胜率逆转局势，获得胜利，申真谞却在胜率还有22%、棋局还有太多可能性时早早崩盘。

其次，柯洁能在挥霍掉巨大优势之后迅速冷静下来，重新进入精力更加充沛的战斗状态，棋局不止，奋斗不息。申真谞在巨大的优势之下，想赢怕输，犹豫不决，失误之后，迟迟走不出懊悔的状态，最后导致大优出局。

在赛后的记者采访环节，柯洁保持了他一贯的“嚣张与霸气”。当记者问他如何评价对手时，他说：“很感谢申真谞，一直送给我胜利。我和他下了七八盘世界大赛，好像一直在赢。是申真谞不停地让我证明自己。我想超越自己。如果我一直保持这种状态，我不会输给任何人，我也不会比任何人差。面对‘申工智能’[①]，除了感谢，还是感谢。小申的战绩已经彪悍到没有人能赢他的地步，但我是不会比他差的。只能说，他有些地方还需要提升一下。所以，还是要对小申说，‘你要再努力一些’。”

柯洁的这段话的确很“嚣张”，但这就是强者与胜利者的主权宣言。中国人传统上十分讲究谦虚与谨慎，人们习惯了在获得优异成绩时最好保持低调与谦逊，深谙“枪打出头鸟”的道理。但在这件事情上，我十分欣赏柯洁的表现。不仅因为柯洁是清华学生，作为清华大学教授自然有些爱屋及乌，更是因为我认为一个刚刚23岁的青年，血气方刚，并且当之无愧地站在了世界围棋的巅峰，是有这个资格“嚣张”的。

抗逆力的重要性

在学校里，柯洁虽然没有上过我的课，但我知道他在学校里人

---

① 因为申真谞的技术熟练到与AI的拟合度极高，所以被棋界称为“申工智能”。

气很高，平时也是一个乐观、谦和的阳光大男孩。可见，柯洁的“嚣张”与“霸道”是有特定场合，也是针对特定人的。就像他在围棋世界里所展现的那样，从来不会因为逆境而轻言放弃，一定要战斗到最后一手棋。在他身上，我们看到了一个年轻人特别可贵的“抗逆力”。在英文中，“抗逆力”的单词是“resilience”，原意指物体受外力弯曲或变形之后能够很快恢复的能力。这种能力具有弹性、回复力、坚韧等特质，往往是一个人内在生命力的集中体现。抗逆力也可以说是一种心理免疫力，是一个人在面对挫折、困境时能够从容应付、坚持不懈的能力。美国心理学会对抗逆力做出了一个相对明确的定义：所谓抗逆力是个体面对生活逆境、创伤、悲剧、威胁，以及其他生活重大压力时的良好适应能力，它意味着人可以从困难中恢复过来，也有人将这种“抗逆力”称为“逆商”。

在体育竞技中，抗逆力展现得特别充分。就拿几十年前同样被誉为“棋圣”的聂卫平九段在前三届中日围棋擂台赛上“一夫当关，万夫莫开”的那种气势来说，我们也从中看到了这种强大的心理韧性。当然，还有我们的中国女排，无数次面对绝境却不轻言放弃，更是造就了划时代意义的“女排精神”，成为激励无数中国人战胜困难、勇往直前的精神动力。

不只在体育竞技中，在我们生活的各种情境中，拥有强大抗逆力都是一项十分重要的积极品格。积极心理学的研究表明，一个拥有强大抗逆力的人，是有着生存与竞争优势的。因为一个人随时都可能遇到困难，这时能主动寻找办法战胜困难的能力就显得弥足珍贵。这一点在清华大学心理学系的一项优秀学生核心素养的跟踪研究中也得到了佐证。

清华大学心理学系的几位研究人员长期跟踪清华大学的创新教育模式。这个创新教育模式是指清华大学享誉世界的“钱”班、“姚”班、“学堂班”等培养精英人才的新的教育实践与探索。这是钱学森、姚期智等知名科学家倡导发起的，旨在培养新时代优秀创新人才的教育计划，多年来培养了大量品学兼优的学生。在过去十余年间，一批批最为优秀的清华学子在这里学习、成长并走向更广阔的社会。

科研人员在调查了他们的成长与发展轨迹后，对他们进行了全面的测评与跟踪。结果发现，那些能在毕业后长期保持竞争力，取得更大人生成就的学生，除了具备超常的智力因素之外，还至少拥有十项积极的品格优势与美德，其中就包括开放性、同理心、坚韧、坚持、勇敢、感恩、包容、人文价值取向等。其中与抗逆力直接相关的居然就有三项，分别为坚韧、坚持和勇气，同理心与开放性则是与抗逆力间接相关的。

抗逆力是一项特别重要的人格内容，与我们的智力水平、情绪水平一样重要，其体现了一个人处理困难问题的能力和水平。孩子在成长过程中，会不可避免地遭遇困难、挫折，而能够承受并战胜挫折，保持完整的人格和心理的平衡，才是心理健康的重要标准。

抗逆力，孩子的心理免疫力

“三星杯”结束后，人们对这次比赛关注的热度一直不减。其中非常重要的一个原因就是对比赛双方的心理状态进行了持续的讨论，话题的焦点也集中在面对逆境与突如其来的挑战时的心理调整能力上。可见，人们对于抗逆力有着十分浓厚的兴趣，人们会拿出类似于“三星杯”这样的例子不断反刍，然后用类似的案例作为正面或反面材料来教育学生与孩子。

那么，抗逆力对于孩子的成长和他们未来的人生又有哪些意义呢？

抗逆力，孩子与生俱来的心理免疫力

心理学认为，抗逆力是一个人与生俱来的免疫力，并且年龄越小，抗逆力越强。这一点只需从孩子学习吃饭和蹒跚学步的表现就能清楚地观察到。如果你观察一个 1 岁左右的孩子，就会发现他不断地借助身旁的任何东西试图站起来，哪怕不断跌倒，甚至摔痛，哭一会儿后仍然会试着站起来，直到能够独立地站立、行走。这就

是孩子强大的抗逆力天性在发挥效用。在孩子成长的整个过程中，抗逆力天性无时无刻不在发挥着作用。它帮助孩子建立起行动的能力、坚持的能力、学习的能力与接纳的能力，等等。

美国加州大学戴维斯分校的儿童心理学家埃米·维尔纳（Emmy Werner）曾做过一个非常有意义的研究——“可爱岛实验”。

埃米·维尔纳曾对居住在夏威夷群岛中可爱岛的儿童做了一项长期追踪研究：对整座岛上于 1955 年出生的 698 个婴儿进行分析调查。可爱岛的生活条件非常差，在这 698 个孩子中，许多孩子都跟随酒精成瘾和有精神疾病的父母成长，其中不少父母更是连工作都没有。维尔纳发现，在非常不利的环境下成长起来的孩子们中，尽管有三分之二的孩子在青春期出现了很多问题行为，比如酗酒、滥用药物、未婚生子等，但仍然有三分之一的孩子没有表现出这些问题，他们展现出了良好的适应能力。而且，这些孩子长大后也比那些表现出问题行为的孩子更具个人优势，获得成功的机会更多，生活得也更好。

维尔纳将这些没有表现出问题的孩子称为“有抗逆力”的孩子。也就是说，与那些没有抗逆力的孩子和家庭相比，这些孩子和他们的家庭更容易度过逆境，获得人生的成功。

“可爱岛实验”的结果让我们看到，即使是从困境中成长起来的孩子，未来也可以变得很优秀，拥有卓越的人生，而改变他们命运的，就是他们的抗逆力。这些孩子并没有因为后天的糟糕环境而变得颓废不堪，相反，他们却成长得非常出色。

走出“挫折教育”的误区

有些家长觉得，既然抗逆力对于孩子的成长这么重要，那我们是不是应该注意培养和提升孩子的抗逆力呢?

的确，对孩子进行抗逆力培养太重要了。我们现在经常会在媒体上看到类似于下面这样的报道：某个孩子因为遇到一点儿小挫折，比如被父母或老师批评，或者与同学发生争执，就做出很极端的反应，如离家出走、校园暴力、拒绝上学甚至轻生等。

实际上，这些问题被发现时，往往已经比较严重了。如果我们了解这类孩子的成长经历，就会发现，很多极端的现象都是有机会避免的。但在家庭教育中，我们经常能看到上面的两种极端现象。这些现象又非常普遍，父母要么就对孩子过度溺爱与放纵，甚至到了孩子说什么是什么、要什么给什么的程度；要么对孩子进行严厉的管教与控制，甚至到了严苛的程度。无论是宠溺，还是严苛，都不是正确的教育方式，会在很大程度上决定孩子以什么样的价值观与行为方式与这个世界相处。

当然，越来越多的家长也慢慢意识到溺爱孩子带来的弊端，比如孩子会变得自私自利、骄横乖张，遇到困难就退缩等。对于绝大部分在娇惯、溺爱环境中成长起来的孩子来说，他们在生活中很少会经历挫折，所有的愿望往往都能被满足，所以遇到一点儿不顺心、不如意的事就接受不了，大哭大闹，甚至崩溃。面对孩子的这些表现，家长们也在不断反思自己的教育方式。

家长严厉一些会不会更好呢？比如有一些家长说："我们对孩子要求很严格，我们还刻意创造一些让孩子吃苦、受罪、遭遇冷眼与惩罚的机会，这就是挫折教育，这不就是在培养孩子的抗逆力吗？"

这些家长完全错误地理解了"挫折教育"或"抗逆力培育"的概念与本质，更不要说运用正确的方式方法了。在这种环境下成长起来的孩子，很多都会呈现一种极度压抑、有暴力倾向、冷漠、孤独与疏离的状态。他们虽然比娇生惯养的孩子更能忍受外界的批评与责罚，但也更容易钻牛角尖、走极端或表现出极度的自以为是。

抗逆力相当于人类面对困境与挫折的一种心理免疫系统。既然是免疫系统，那么正常的抗逆力水平就应该体现在面对困难与挫折时不断对自己的行为与认知边界进行突破，从而不断地解决问题，走出困境。

真正的挫折教育，我认为应该是放手让孩子自己去感受生活，在这个过程中，他们会不可避免地遇到困难。家长要做的，既不是过度保护孩子，也不是对孩子的困难置之不理，而应该和孩子一同面对困难，给予孩子情感上、认知上、思维方式上的全方位支持。

通过家长的支持、引导，帮助孩子形成抵抗挫折的能力和信心。这才是挫折教育的核心。

抗逆力成就四种优势

正常的抗逆力往往会让一个孩子的整个人生都变得很不一样。积极心理学家和教育心理学研究表明：抗逆力强的孩子更自信，性格更乐观，目标更坚定，意志力更坚强，同时人际关系也更好，更有领导力，未来的生活也更容易美满幸福。可以说，具有强大抗逆力的孩子能在逆境中更好地发挥自己的潜能。

心理学家约翰·波拉德（John Pollard）就曾提出，有四种个人优势属于抗逆力积极发展的结果。这四种优势分别为：社交能力强、问题解决的能力突出、自主精神明显和目标感鲜明。

1. 社交能力强

社交能力包括建立积极人际关系所需要的品质、技巧和态度等。社交能力强的孩子，未来通常会呈现出友善的特质，能够引发他人的积极回应，并拥有良好的语言表达能力。这样的人，总是可以通过恰当的方式表达自己的诉求，并对他人表现出共情、宽容的态度，因而也更容易得到更多的关爱和支持。

2. 问题解决的能力突出

具有较强抗逆力的孩子，总是会积极主动地做事，并且坚韧灵活，遇到困难也不轻言放弃。同时，他们还善于运用批判性思维，并能针对各种问题提出富有意义的见解。

3. 自主精神明显

抗逆力强的孩子自主性也很强，表现为自我意识强、积极的自我认同和对力量的感受等。这样的孩子通常喜欢独来独往，并对环境具有很强的控制感。同时，他们也更相信未来，对未来充满信心和希望，因而也能更积极地面对生活中出现的困难和挫折。

4. 目标感鲜明

抗逆力比较强的孩子，也对未来更加憧憬，对未来有计划、有信心，并且也相信未来会更好。这会促使孩子快速地摆脱逆境的阴影，成为人生的赢家。

很显然，以上四种优势呈现了递进关系。孩子首先要具有较强的社交能力，才能解决自己面对的问题，继而在解决问题的过程中体现自主精神，之后为自己树立明确的目标，追求更高的人生价值。孩子在这个不断提升自己的过程中，不仅抗逆力会逐渐增强，强大的抗逆力所带来的进步也显而易见。

抗逆力形成的三要素

尽管每个人都具有抗逆的潜力，但却需要得到后天的促进和培养才能发挥出来。国际抗逆力研究计划（International Resilience

Research Project，IRRP）曾就抗逆力的形成方式和其影响因素进行了研究。其中一项研究就是：父母、其他关系亲密的人及孩子自己要怎么做，才能增强孩子的抗逆力。研究者得出的结论认为，以下三个方面可以在一定程度上帮助孩子形成和增强抗逆力。

“我有”

“我有”（I Have）主要指的是孩子从家庭或社会环境中获得的心理安全感，比如来自父母或其他长辈的鼓励、良好的同伴关系、安全的校园环境等，可以从以下三个方面做起。

1. 与孩子建立亲密的联结

在孩子的成长过程中，能有并且至少有一个成年人与孩子建立亲密的联结，并能为孩子提供稳定的照料和有效的情感关注，给予孩子一定的理解和支持，这些可以在一定程度上增强孩子的抗逆力。

2. 给予孩子适当的期望

家人能够看到孩子的优势和天赋，而非只关注他们的问题和不足。孩子的优势得不到发挥，是教育的失误；如果家人不能发现孩子的优势和天赋，那就是失败的教育。其实，每个新生命都是带着使命、天赋和优势来到人间的，而能不能顺应天赋成长、发展，不仅取决于生命本身，还取决于父母的养育方式。如果父母能抱着欣赏、认可的态度看待孩子的长处，并给予孩子明确的期望，顺应孩子的优势培养，那么孩子就会变得自信、坚定而卓越。相反，如果父母看到的只有孩子的缺点和不足，并且不断批评、指责，那么孩子就会陷入深深的自卑，对外界的一切都缺乏信心，甚至觉得自己就是个失败者，随便一点儿小挫折就可能将他击垮。

3. 多为孩子提供参与各种活动的机会

要让孩子有机会与他人多接触，并建立联系，发展兴趣，从中获得宝贵的生活经验。而且作为各种活动的参与者，他们也拥有决策、计划和帮助他人的机会。

有些父母错误地认为，孩子还太小，什么都不懂，也管不住自己，带孩子参加活动总会给别人添麻烦，自己也没有面子，所以很少带孩子参加活动，甚至也不太愿意让别人的孩子来自己家，或让自己的孩子去别人家玩。

这种做法是十分不正确的。孩子天性中自带强烈的参与动机与学习动机，正是通过这些参与和学习慢慢建立相对比较完整的世界观与亲社会观念。事实上，每个人都是从孩童时代走过来的，在童年时期都会很渴望参与。所以，我们应该给予更多的宽容，就算在活动中孩子出现了“丢脸”的行为，也是完全可以理解与接受的。如果孩子缺乏这样的机会，就很难形成亲社会行为。

人生发展要素缺乏是很多孩子社会性能力不足的重要原因。正因为“缺乏”，所以孩子长大后会下意识地想“弥补”或“替代弥补”。长期处于某种匮乏状态的人，都会在心理上或多或少地产生某种深层次的挫败感与无助感，如果这些挫败感与无助感日积月累，就会变成健康心理的障碍。

“我是”

除了“我有”之外，孩子还需要另外一个抗逆要素，那就是“我是”（I Am）。“我有”指的是拥有或不缺乏，而且这种“我有”主要是针对个体与外界事物的所有关系。“我是”则通往内在。一个建立“我是”观念的孩子，在他的心里，“我”就是一个完整的整体，“我”就是那个本来的拥有者。因为“我是”，我成为自己的主人，也因此拥有掌握自己的绝对理由。

“我是”强调的是主观的自我认同感与自我肯定，是比“我有”更加强大的自信与内驱力。如果说“我有”会有缺乏的时候，那么“我是”则在一个更高的层面上接纳自己的一切都可以是那么美好。这就需要孩子从小对自己的内在价值观，如自控力、自主性、坚定的信心、自我成就感等，建立正确的认知。

抗逆力强大的孩子，都会有对与错的意识，类似于孟子提到的“是非之心”“羞恶之心”，他们会表现出一种很强的共情力。这样的孩子通常能够坚定地肯定自己的重要性，也会主动关心和帮助身边的人。

当然，孩子要做到这些，需要父母和家人平时细心地呵护孩子的自尊心，培养自信心，帮助孩子形成良好的自我形象，让孩子从小就对自己产生积极、正向、强大的自我认知。相反，过于严苛的教育不仅不能帮助培养抗逆力，还会一次次地伤害孩子的自尊心。一个缺少自尊，把自己认定为“没出息、被人骂不上进、不优秀的孩子”，又怎么能够同情他人、接纳自己呢?

“我能”

第三个重要的抗逆力品质要素就是“我能”(I Can)。“我有”表现了孩子与资源的关系；“我是”表达了孩子与自我的关系；而“我能”则体现为孩子与主观能动性之间的关系。孩子在成长过程中，通过与他人的互动交流会逐渐明白哪些事是自己能做的，哪些事是自己目前还做不到的，以及什么事是自己不能做的。这些都需要孩子在不断经历、不断探索中洞悉。

有些父母觉得孩子小，没有能力，像一张白纸一样，然后事事包办。我是非常反对父母这样做的。虽然父母这样做能帮助孩子解决许多难题，避免孩子受伤、发脾气、哭闹等，但同时也剥夺了孩子感受自我力量、探究解决方法和体验成功喜悦的机会。

与此同时，孩子在面对挫败时哭闹、发脾气的表现并不是什么坏事，反而是一种锻炼自己、审视自己与外界关系的尝试过程。如果因为孩子哭闹就降低对他的要求，或者马上替孩子解决，那样就会使孩子无法分辨什么是他应该做的或可以做的。然而，孩子不可能永远待在父母身边，他们必须面对外部世界的各种关系。那时，一个无法正确分辨能或不能、为与不为的孩子，又如何能赢得别人的信任呢？所以，把孩子当成白纸或空罐子，凡事都包办的父母，美其名曰是怕孩子受伤，实际上对孩子的伤害更大。这种影响甚至会贯穿孩子的整个人生。

科学研究表明，孩子正是通过生活中的一件件小事、一点点小困难，逐渐形成自信心、独立性、思考能力和坚持精神的。这些都是构成抗逆力的必要因素，并最终成为伴随孩子一生的“隐形的翅膀”，使其在长大后面对更大的挫折和困难时，同样无所畏惧。

提升抗逆力的三大条件

在前文我们提到的可爱岛实验中，研究者维尔纳除了发现抗逆力与孩子成长的关系外，还有一个重要发现——贫困的家庭本身对于孩子来说也是一种压力和逆境。但大量的研究表明，有些方式可以帮助贫困的父母在家庭中培养孩子的抗逆力。比如，经常向孩子表达温暖的关怀，为孩子提供情感支持；坦诚地表达对孩子的期待，而不是苛刻地对待他们；定期举办家庭聚会；对金钱和娱乐保持正常的价值观，等等。有一篇文献描述道：“在贫困家庭中展现出抗逆力成长起来的孩子，他们获得了显著的支持，这使得他们在进入社会后会做得更好。”

由此我们也可以说，抗逆力是不受种族、阶层或地理环境制约的。孩子可以通过学习和锻炼来不断提升自己的这一能力，同时也需要牢固的、支持性的人际关系的滋养，所以家庭关系对抗逆力的培养起着重要的作用。一个“遇事不怕事”的孩子，未必有强大的后台，但一定有坚实的后盾，那就是家庭成员无条件的关注和支持。满满的安全感就像一把保护伞，可以帮助孩子隔离恐惧、沮丧等消极情绪，使他们迅速离开孤立无援的困境，快速适应环境，找到解决问题的方法。

这里需要注意，“无条件的爱”并不是泛滥的意思，而是在具备一种终极关怀与接纳前提之下的大爱之心。“无条件”并不是没有条件或不限定条件，而是在合理的规则设定之下，尽可能地给予孩子最大的爱与尊重。也就是说，深沉的爱是无条件的，不能被功利化。但爱的方式与爱的表达是需要条件与前提的，不能成为泛滥的爱与没有遮拦的爱。事实上，任何成功的教育，都是无条件的爱与有条件的爱在实施过程中辩证平衡的结果。

此外，如果孩子周围的社会环境重视教育，凡事都有清晰的结构和明确的规则，孩子在校内外也都能获得积极的指导，那么社会也可以成为增加孩子抗逆力的重要阵地。也就是说，除了家庭之外，学校、社会氛围也是相当重要的，对孩子的健康成长也是负有责任与义务的。

那么，家庭环境如何提高孩子的抗逆力呢？我认为需要满足以下三个方面的条件。

多给予孩子关注和支持

有研究发现，在孩子成长过程中，只要有一位家长让孩子感受到自己被关心、被支持和被理解，就可以帮助孩子对抗逆境与挫折。哪怕是曾经遭受创伤的孩子，如果有正向的家庭环境，也能够提升孩子的抗逆力，让孩子用更正向、更积极的态度面对各种困境和压力。

我有一位朋友，他的孩子从小到大一直很优秀，不但学习成绩好，各方面的才艺也十分出众，几乎没经历什么挫折。高考后，这个孩子考上了国内的一所名校。可进入大学后他才发现，原来自己在同学中间是十分普通、渺小的，甚至处于接近垫底的位置。这一现实让孩子产生了巨大的心理落差，觉得自己比不上别人，还闹着要退学。

朋友了解孩子的情况后，既没有责备他，也没有直接答应他退学，而是在跟孩子深入交谈几次后，给孩子在校园内联系了一个公益项目，鼓励孩子去尝试，并且表示非常相信孩子可以做好。

从那以后，这个孩子就在父亲的支持和鼓励下，慢慢地把自己重新调至归零状态，接受失败，接受普通的自己，一切重新学起。在这种心态的影响下，孩子竟然慢慢变得坚强起来，学习也步上正轨。

可见，很多时候孩子并不是不能接受挫折和失败，只是从小到大听到的表扬太多了，对自己的能力缺乏正确的认知。也就是环境中的假象掩盖了真相的显性表现。在现实生活中，总会有类似的情况发生。不管是出于礼貌，还是信息不对称，总有些现象的表象与基本事实不符。这就要求父母与孩子能够正确判断什么是现象，什么是本质。如果因为这方面的判断失误而给孩子造成一定的伤害，父母就要成为孩子最坚强的后盾，给予孩子一定的关注和支持，让孩子从父母那里获得力量，进而有足够的勇气处理自己面对的难题。因为在孩子心中，父母永远是自己最亲近的人，也是永远最值得信任、无论如何都接纳他们的人。这种力量是其他人无法给予的。虽然有些孩子表现出对父母不满，不愿意提及父母的行为，但内心深处仍然渴望得到来自父母的温情与拥抱。只是由于种种原因，孩子不太相信父母能像自己所期待的那样对待自己，才故意用这种方式将渴望与失望转化成一种类似绝望的状态。在我看来，从来没有绝望的孩子与绝望的教育，只有深藏在心底的对爱、对关注的渴望。

爱与温暖是发展抗逆力的推动力

孩子的抗逆力是在童年时期养成的，而家庭教育的成功与否，取决于家人在一开始是否给予孩子充足的爱与温暖。家人凭借爱的直觉对孩子发出一些关键信号，如对孩子的哭泣、悲伤、沮丧等情绪做出及时的回应，让孩子建立对亲人的原始信任。这种原始信任会有效帮助孩子发现自己所拥有的外在支持，使他们因此而更有安全感和自信心。孩子日后在面对挫折时，也会感觉自己背后拥有坚实的依靠，也更加勇往直前。

当孩子遭遇失败，陷入负面情绪时，父母应多肯定和鼓励孩子积极学习的过程，如表扬他们的努力、坚持、专注等。这种“重过程，轻结果”的反馈模式，不仅能让孩子获得被重视感，还会使他们因此变得更自信、更积极。

用正确的态度对待犯错的孩子

很多父母一旦发现孩子犯错，就会对孩子严厉批评，甚至会给孩子贴标签，上升到对孩子人格的否定。比如对孩子说：“你做什么都不行，真没用！”“你真是笨死了，不断地犯同样的错误！”“怎么考这么点儿分数？你永远比不上 ×××！”……

这些批评、指责的话语不仅无法有效地解决问题，反而会严重伤害孩子的自尊心和自信心，让孩子的心灵受到重创。一项调查显示，40% 以上的青少年罪犯都曾遭受过父母语言上的伤害。在一些视频中我们也看到，这些孩子都在回忆小时候父母对自己无端地否定与责骂，感到自己从未达到父母的要求，也从未让父母满意。他们虽然十分渴望父母的肯定与鼓励，但每次都失望至极。这就导致他们心中充满了愤怒与对抗，也充满了自责与无助。

抗逆力强的孩子，智力也许不是顶尖的，但性格一定是乐观、积极的。这就提醒我们，在面对孩子犯的错误时，批评孩子的错误行为就足够了，千万不要上升到人格问题。只有这样才能让孩子知道，即使自己做错事，也仍然是被爱的。同时还能让孩子知道，人是可以犯错的，重要的是要从错误中吸取教训，而不必一直为这些错误感到羞耻，甚至自我怀疑与自我否定。父母在这方面要特别注意自己的价值观与言行。事实上，与其说是孩子犯了错误被批评教育，不如说孩子在此时为父母提供了一个最好的场景，让父母学习如何运用积极心态处理孩子所犯的错误，同时检查自己是否也在犯比孩子更严重的教育错误。

“ABC 模型”提升抗逆力

在我讲课的过程中，经常有家长问我：“彭老师，我的孩子太脆弱了，遇到一点儿困难就想放弃，要不就指望大人帮忙，这怎么办？”

出现此类问题，是因为孩子抗逆力差。我们知道抗逆力对孩子未来的发展和幸福至关重要，作为父母，我们需要懂得如何有效地提升孩子的抗逆力。

通俗心理学著作《少有人走的路》中有这样一句话：“真正的

爱，包括适当的拒绝、及时的赞美、得体的批评、恰当的争论、必要的鼓励、温柔的安慰、有效的敦促。”父母对孩子的爱正是如此。拒绝是因为爱他，赞美、批评是因为爱他，鼓励、安慰、敦促都是因为爱他。当父母以爱孩子为出发点，不带有功利性，不情绪化，孩子就拥有了敢于担当的有力后盾。这样的孩子未来也更容易获得幸福感，同时也更有能力创造幸福的生活。

所以，要提升孩子的抗逆力，关键还在于父母平时怎么做。基于上面的原则，我在这里跟父母们分享一个可以有效提升孩子抗逆力的“ABC 模型”。通过运用这个模型，我们可以更好地帮助孩子增强抗挫折能力，未来孩子也能走得更长远。

A：Acceptance

Acceptance（接受），即跟孩子坦诚地分享事实真相，鼓励孩子接纳现状，并提供温暖的陪伴。

马丁·塞利格曼和他的团队经过研究发现，对于孩子来说，决定他们对世界感到乐观或悲观的影响因素主要有三个。

1. 孩子从父母身上学到的对各种事件的因果分析

如果父母是乐观的，孩子就会很乐观，尤其是母亲对孩子的影响更大。如果你是一位悲观的母亲，习惯于从悲观的角度看待世界，比如经常在孩子面前说：“这种倒霉事总发生在我身上。”“我真是笨死了！”“局面永远不会好转。”……那么孩子就会接收这些信息，并学会以同样的视角看待周围的一切。

关于这一点，我在跟一些家长沟通时感触特别深。有些家长跟我接触后，不管是谈到自己的问题，还是谈到孩子的问题，都特别爱抱怨。比如有一位妈妈，希望孩子以后出国留学，可孩子不想出国。她就跟我抱怨："彭老师，您说我这么辛苦图个什么？不就图他有个好未来吗？我这辈子一无所成，不希望孩子也像我这么没用。可您看他现在，什么都不行，怎么出国？"

而跟孩子沟通后，我发现孩子对一切也很悲观。他说："彭老师，我不想出国，我觉得自己根本学不到什么，出去也是白花钱。"

先不说孩子是不是具备出国留学的能力，仅是其母亲悲观的态度，就已经深深地影响了孩子。即便孩子以后走向社会，这种悲观、消极的心态也会严重影响他的工作和生活。

所以，如果你想让孩子成为一个乐观的人，就要控制自己的情绪，尤其不要经常在孩子面前流露这种消极情绪。

2. 孩子听到的批评方式

我经常会听到一些父母这样批评自己的孩子："你就是太笨了！""你根本不擅长做这个。""你永远也学不会这个。"……

对此我感到很悲哀。为什么？因为孩子经常听到这种永久的、普遍的、家庭内在的批评，哪怕他原本是个乐观、积极的孩子，也会慢慢变得悲观、无力。也许父母想通过这种方式激励孩子。殊不知，这种“激励”对于孩子来说其实是一种无情的打击，会让孩子产生自我怀疑，继而渐渐失去对各种挫折、危机的抵抗能力，变得胆小、懦弱。

所以，当你下次想批评孩子时，一定要避免用这种永久的、内在的语言来批评孩子，而是选择一些暂时的、特定的、可以改变的言辞，比如：“你可能还需要再努力一些。”“如果你更认真些，我相信你能做好。”“你还缺少练习。如果你每天坚持练习半个小时，一个月后你就能在学校联欢会上表演了。”……

这些积极的话语，往往更能激发孩子的动力。

3. 孩子早期生活经验中的生离死别和巨大变故

孩子有时可能会经历一些生活变故，比如疼爱他的家人去世、父母离婚等。如果这些事好转了，孩子会比较乐观；如果这个变故是永久的和普遍的（比如至亲去世），那么绝望的种子就可能深埋在孩子心中。有些父母出于保护孩子的目的，可能会善意地隐瞒实情，结果当孩子发现真相后局面更糟糕。因为他们不但要承受变故本身的痛苦，还要独自消化被“欺骗”的愤怒。

所以，模型中的“A”对于孩子的成长非常重要，它可以帮助孩子学会了解事实、接受事实，同时超越、战胜这些事实。如果我们无法阻止这些不幸事件发生，那么至少要试着与孩子一起学会面对这样的逆境。无论是成长路上的小挫折，还是遭受生活中的巨大创伤，父母的坦诚、坚定、拥抱、鼓励，都会让孩子感受到温暖，获得战胜困境的信心和勇气。

B：Behavior

Behavior（行为），即用积极行动寻找问题的解决方案。

为什么有些人喜欢接受挑战，面对困难能表现出绝对的坚定和坚韧，而另一些具有同样天赋的人却总是避开挑战，在遇到挫折时容易崩溃呢？让我们看一个真实的案例。

从前，有一个小女孩，在很小的时候就在智商测试中拿到了很高的分数。因此她在学校里受到老师的优待，在家里也因为成绩出色而经常被夸赞是个“聪明的孩子”。她享受着这种赞美，一直努力学习，不想辜负大家的期待。

从小学到大学，这个女孩的成绩都很优异，可她却越来越不快乐。因为她经常在学业上遇到无法解决的难题，这使她产生了挫败感。在专业领域内，一旦看到比自己厉害的人，她就会感到沮丧，觉得自己难以超越他们。

为了搞清楚这究竟是怎么回事，她成为美国斯坦福大学的心理学教授。她通过一系列实验终于解开了自己心中的谜团，而她的突破性研究也让她获得了美国心理学会终身成就奖。

她就是卡罗尔·德韦克（Carol Dweck）。她所进行的一系列心理学实验，就是通过对几百名不同年龄孩子的追踪访谈来弄清为什么有的人喜欢挑战，在困难面前会表现出绝对的坚定和坚韧，而另外一些具有同样天赋的人却喜欢逃避，在遇到挫折时容易放弃甚至崩溃。最终，她解开了这个谜团，谜底就是人的思维方式不同。

德韦克发现，人通常具有两种典型的思维模式：固定型思维模式和成长型思维模式。前者通常认为，一个人的智慧多数来自天生，后天努力并不能改变什么，因而也比较满足现状，不求进取；后者则笃信，无论在哪些方面，自己的能力都可以通过后天努力得到改善。

那些成年后发展很好的人，往往都拥有成长型思维，相信能通过自己的努力、良好的策略、其他人的反馈和帮助，让自己的能力得到提高。

与之相反，另一些人更倾向于固定型思维。他们经常暗示自己："我的能力是天生的，在童年时期我的能力就固定了，对于改变我无能为力。"

通过两种人不同的表现，我们会发现，固定型思维者总是担心别人对自己的评价，因而也更专注于证明自己的能力、魅力等，尽量避免暴露不足。而成长型思维者会关注如何在过程中获得提高，注重自己从中学到了什么。同时，固定型思维者更害怕失败，成长型思维者则能更好地接受挫折和失败，并且将失败看成一种学习机会，坚信成功是一个学习的过程。于是，两种人也就呈现了两种完全不同的人生状态。

我们要想提升孩子的抗逆力，就要帮孩子远离固定型思维，培养他们的成长型思维。具体来说，我的建议有以下几点。

1. 对孩子多鼓励、少表扬，多描述、少评价

有些父母喜欢表扬孩子“聪明”，这就容易激发孩子的固定型思维。孩子会认为“聪明”是件重要的事，也是父母爱自己的原因。所以，他们会想方设法地表现自己的“聪明”，在做事时也去选择那些相对容易完成的事情，以证明自己的聪明和魅力。一旦遇到他们的聪明才智解决不了的问题，孩子就会担心失败，害怕这会让自己显得很愚蠢，继而害怕挑战，转而选择那些较为“安全”保守的道路。

为了避免这种情况出现，我们在表扬孩子时，就要表扬一些后天可以改变的特性，如努力、用心等，以此让孩子明白，有天赋虽然好，但后天的努力不仅可以解决问题，还可以发展自己的技能和天赋。同时，父母也要通过言传身教向孩子传递这种价值观：成功关乎个人成长，我们应该利用自己的才华为社会做贡献，而不是为了证明自己比别人更聪明；鼓励孩子变身“努力家”，才更有可能成为人生赢家。

2. 鼓励孩子乐观地面对失败

受传统教育理念影响，很多父母都喜欢用学习好坏、考试成

绩等作为衡量孩子学习和成长的标准。成绩好，就奖励孩子；考砸了，就责罚孩子，这就会让孩子承受巨大的压力，把学习当作取悦父母的道具，体会不到学习本身的乐趣。

有一个初二的女孩因为在课堂上没能完整地背下课文被老师批评了。女孩觉得自己已经努力背了，而且基本已经背下来了，只是在课堂上背时有几个字没想起来，老师为什么不放过自己，还要让自己重背。女孩感到很不满、很沮丧。

这时，如果你是女孩的父母，会怎么做？我相信很多父母的第一反应都是："老师这样做是为你好！""你肯定没好好背，不然怎么没通过？"这些话看似都是在安慰孩子，但孩子真的能从中获得积极的力量吗？我认为很难。相反，这些"安慰"只会令孩子感到自己不被理解、不被接纳："我这么努力依然不被肯定，下次我为什么还要努力？"

以上这些就是固定型思维父母的做法。成长型思维的父母往往会以开放的心态看待孩子偶然的失败，比如他们会先引导孩子思考："这件事是什么？""我要承担什么责任？""我怎么做才能解决问题？"也就是说，他们会把自己作为孩子在需要帮助时可以依赖的资源，而不是时刻拿着成绩的单一标尺衡量孩子。只有这样才能培养孩子积极的心理品质，提升他们解决实际问题的能力。

3. 学会在孩子面前适当“示弱”

对于年幼的孩子来说，父母的权威和力量远胜于自己。如果你总习惯以居高临下的语气和方式对待孩子，经常拿孩子的缺点跟别人家的孩子的优点比，会让孩子认为自己一无是处，无论多么努力也不如别人，不能让父母满意。这对孩子来说是一件很难接受的事。因此，父母不妨适当在孩子面前“示弱”。

我有一位学生，我很认可她教育孩子的方式。举个例子，她经常跟孩子一起做练习题，然后故意在孩子经常出错的地方做错一两道题，再让孩子扮演老师，给自己批改卷子。当孩子看到妈妈也会犯错，并且自己还能帮妈妈改正错误时，就特别有成就感，学习的积极性也更高了。

这样一来，孩子在遇到困难时就不会轻易放弃。更重要的是，他们还能从中明白一个道理：知识再渊博、能力再强大的人也会出错，坦然接受、及时改正错误才是最重要的。

C：Cognition

Cognition（认知），即怀抱积极的心理预期，通过感知当下，把注意力集中在自己能掌控的部分，从而设法改变现状。

在遇到挫折和困难时，如果你总是关注那些自己无法控制、改变的部分，就会陷入一种“无助—绝望—无助”的恶性循环，即越做不好越去做，越去做就越做不好，最终彻底让自己丧失信心。

相反，如果我们换个角度考虑问题，先去完成自己能做的那部分事情，改变自己能改变的事情，渐渐地，我们就会产生一种战胜逆境的勇气和能力，并让自己从一种负面的体验和恶性循环中解脱出来。这就给我们的教育一个特别重要的启示，即积极思维可以改变我们的抗逆能力。

对于孩子来说，当他们遇到困境或挑战时，我们就可以这样进行引导。

1. 鼓励孩子接纳这件事带给他的所有负面情绪

无论是焦虑、紧张、害怕，还是恐惧，当这些负面情绪不可避免地袭来时，都要告诉孩子不要逃避，也不要试图克制它们，接纳即可。

2. 引导孩子把注意力放在当下正在做的事情上

无论这些负面情绪有多强烈，当你不再关注它们时，它们都会减弱甚至消失（至少在你全力投入当下的事情时是这样的），这样就能帮助孩子从负面情绪中慢慢地摆脱出来。

3. 制订计划

和孩子一起列出或想清楚哪些是他能控制的（比如制订行动计划、优化目标方案等），哪些是他不能控制的（比如别人怎么想）。

4. 立即行动

引导孩子将精力和注意力集中投入他能控制的部分，并且努力做好这些事。通过这种方式强化孩子的积极心态，激发战胜挫折的勇气。

总而言之，抗逆力其实就是我们看待世界的一种方式——我们无法控制问题，但可以控制对问题的反应。就像列侬在一首歌中所唱的，“命运随时可能打乱你的人生”，但只要积极应对，我们对人生就有了更多的控制权。

| 家庭游戏创设 |

沙漠求生

和孩子玩个游戏，假设在炎热的 8 月，你们乘坐的小型飞机在撒哈拉沙漠失事，机身严重受损，并且马上就要起火了。飞机坠落的位置不能确定，只知道最近的城镇是距离飞机失事 70 公里的一座煤矿小城。沙漠中的环境十分恶劣，日间温度在 40℃左右，夜间温度则会降至 5℃。而你与孩子都是轻便装束，只穿了短袖、T 恤、牛仔裤、运动裤和运动鞋，每人只有一条手帕。

这时，如果要你们在飞机燃烧前，用 15 分钟时间从飞机中取出 5 件物品，你们会怎么选择？和孩子分别说一说，为什么要选择这几件物品。

第四章

自我效能感

帮孩子确立“我能行”的人生态度

1977年，美国著名心理学家阿尔伯特·班杜拉（Albert Bandura）提出：每个人都有对自己完成某件事的能力的主观评估，这就是我们的自我效能感。简单地说，班杜拉的理论瞄准的是人们对自己能够取得成功的一种信念。换句话说就是："我能行！我一定行！"相信自己能做成一件事情，对于一个人成功完成一件事的帮助是非常大的。如果一个人认为自己做不成事情，基本上就会真的以失败告终。所以，自我效能感对于孩子的成长、学习以及个性的养成，有着极其重要的意义和价值。

自我认知与自我效能感

著名心理学家威廉·詹姆斯（William James）曾经说过："我们这个时代最伟大的发现，就是人们可以通过改变对自身的认识，继而改变自己的生活。"我们对自我的认识有很多，包括自己是谁、自己能干什么、自己属于什么样的社会群体等。

自我认知的文化属性

心理学家对于上述这些问题一直很感兴趣。认知神经科学家更是通过各种方式对人的大脑进行测量，试图发现人类认知的生物性原因。不过，文化心理学家则提出另一个观点：所有自我认知其实都是以一个人的智力、知识、思想修养、道德品质与文化习得为基础，通过对待生活的态度、情感、行为等体现出来的一种理解世界的方式。由此，自我认知便带有明显的文化社会属性。当人们观察、评价另外一个人时，也是通过自己及他人的文化社会属性"由表及里"进行，即通过对方的眼神、表情、神态、谈吐、举止等，观察并了解一个人真正的内心世界。所以我们常说一个外形端庄、品质好的人，可以给人一种如沐春风的感受，这其实就来自社会文化心理的一种评价偏好。

比如，媒人在给男士介绍女友时，会说女方容貌秀丽、举止端庄、性格温柔，那就意味着这个女孩除了具有恬静的外在气质美，还可能具有贤惠、持家有方、孝顺长辈等优点；说一个男士身材魁梧、性格豪爽，除了表达他很阳刚，还有可能是在暗示他有能力、有责任心、有担当等。所以，虽然媒人没学过心理学，但在为别人介绍对象时却非常像一位资深的心理学家。

文化心理学家对自我认知的社会文化心理属性的发现也具有相当重要的科学意义。它不仅丰富了认知神经科学家基于人的生物基础的科研事实的伦理备注，也发展了早期心理学研究中关于人的自我效能感的理论。事实上，如果我们留意平时生活中自己和他人的言行，就会发现一个特别普遍的心理习惯，即当我们评价一个人或评价自己时，总会有意无意地在心理上倾向于寻找积极要素，也总是指向“很棒、很美、很优秀、很值得信赖”等带有明显的社会文化符合度倾向的心理暗示。

其实，人类之所以能进化成今天的样子，并不是因为我们的身体多么健硕，力量多么大，而是因为人类的大脑与智慧。更确切地说，是人类的智慧与情感远远超越了其他生物，从而使得人类可以工作、建立群体规则、形成协作与创造等。这些都是人类最值得培养的进化优势，它让人类充满斗志与优越感。特别是在遭遇困难与挑战时，人类的这种斗志就会发挥巨大的积极作用，让我们能够战胜困难，走出人生的冰河。当我们拥有这种情感与心理动力时，哪怕面对失意与痛苦，也能为自己找到一个心灵归宿。

在我的孩子小时候，我经常会陪他们看少儿节目。他们特别喜欢《托马斯和他的朋友们》。这个节目讲的是火车头托马斯和他的朋友们一起成长，一起克服各种困难的故事，目的是让孩子通过轻松的故事了解到，在挑战面前怎样发挥自己的主动精神，克服生活中遇到的各种困难。

其中有一个故事让我印象特别深刻。

有一天，一辆小火车带着大家运送货物。结果小火车在行进过程中出现了故障，动不了了。坐在车上的玩具小丑和其他玩偶都很着急，因为天快要黑了，他们很想在天黑前翻过山岭，把玩具送给山那边的小朋友。这时，有好几辆火车头从他们身边经过，都没有停下来帮忙。最后，一辆看起来最不可能帮上忙的蓝色火车头停了下来，他决定试一试。为了帮小火车摆脱困境，把快乐带给山那边的孩子们，蓝色火车头不断地给自己加油鼓劲：“我想我能做到！我想我能做到！我想我能做到！”……最后蓝色火车头终于帮助小火车爬上了山顶，完成了任务。

故事中的这种“我能做到”的信念，其背后隐含着非常重要的积极心理学理念——自我效能感。

什么是自我效能感

从心理学意义上，自我效能感是指个体对自己在特定情境中是否有能力完成某种任务的预期和判断。这就像媒人给年轻男女互相介绍时所描述的那些通常的表征一样，其内在则意味着这些表征背后这个人成家立业的能力和意向，而被介绍的双方也并不会对此提出异议，这也说明他们是认同这种逻辑的。也就是说，人们在不知不觉中已经生活在“自我效能感”的心理世界里。班杜拉首先发现了这种规律，并提出了“自我效能感”这一心理学理论。20世纪80年代，自我效能感理论得到了进一步的丰富和拓展，同时也得到了大量的实证研究和支持。

班杜拉认为，每个人对自己完成某些事情的能力都会有主观的效能评价。它主要通过两条路径体现出来：一个是结果预期，即相信自己，认为自己“可以做到”；另一个是效能预期，即认为“我能做到不是因为环境好或运气好，而是因为我的能力”，因此“我要施展自己的能力，为结果做足准备”。

在上面的小火车故事中，蓝色火车头虽然看上去能力最弱，但因为对结果有强烈的预期，所以能在帮助朋友的过程中不断地给自己鼓劲儿，从而激发自己的潜力，最终实现目标。

自我效能感决定了人生选择

你身边是不是有这样一些人，平时他们的水平和你差不多，但一到关键时刻，他们就会比你发挥得好？回忆一下中考、高考，你也会发现，有些学霸在考试时发挥很一般，但有些学习中游的同学在关键考试时却能够突破自己的边界，获得更好的成绩。

这是自我效能感在发挥作用。大量的心理学研究实验表明，自我效能感会直接影响一个人的行为动机。一个人在某一方面的自我效能感越强，预测到成功的可能性越大，他就会越努力尝试，而新活动持续的时间也会越久，最终效果也会越好。

戒烟实验

以色列心理学家莫迪凯·布利特纳（Mordechai Blittner）等人曾做过一个十分著名的戒烟实验。他们随机选了一些成年吸烟者，并把这些人随机地分配到三个组中。

第一组为自我效能感组：实验者告诉这些吸烟者，他们将接受14周的治疗。之所以选择他们来做实验，是因为他们具有坚强的毅力、控制力以及战胜欲望和行为的潜力，他们一定能在治疗的过程中戒烟。

第二组是接受治疗组：该组接受的疗法与自我效能感组一样，但实验者告诉这些人，他们是被随机挑选的，将接受14周的治疗。

第三组是控制组：实验中没有给他们治疗计划，也没有给他们关于自我效能感指导语的暗示。

结果显示，自我效能感组有67%的人成功戒烟，接受治疗组有28%的人成功戒烟，而控制组只有6%的人成功戒烟。

从这个实验结果可以看出，自我效能感其实就是对自己进行“我能做到”的暗示，以此激发内在潜能，使其在要完成的任务或目标中发挥重要作用。

这种情况在现实生活中很常见，比如很多教师与家长在关于学生学习数学这件事上就有两种刻板印象：一种认为男生学数学会比女生学得好，另一种是亚裔的数学能力比较强。

那么，亚裔的女生数学能力怎样呢？有人为此专门做了实验。

在数学考试前，实验者告诉亚裔女生，此次考试的目的主要是比较一下男生和女生数学成绩的差别，结果发现这些女生考得都不理想。而当实验者告诉这些亚裔女生，这次考试的目的是看看亚裔学生的数学能力是不是更强时，这些亚裔女生的考试成绩就更优异。

其实这就是自我效能感在发挥作用。那些相信测试考查的是男女性别差异的女生，首先在内心中就已经认定自己的数学成绩不如男生，结果就很难考好。而当她们相信亚裔学生数学成绩更好时，内心里也赋予了自己一定的自我效能感，结果就可以考出理想的成绩。

自我效能感的作用

如果我们从内心深处坚信自己能做成一件事，那么这种信心就会促使我们努力去克服困难，做到最好。相反，认为自己做不成某件事，在做事过程中也容易因为信心不足而失败。

所以，自我效能感对于我们的学习、生活和工作都会产生积极或消极的影响，具体来说，主要表现在以下几个方面。

1. 自我效能感可以激发我们的积极情绪

班杜拉认为，自我效能感会影响我们选择什么活动，以及对这些活动的坚持程度；还会影响我们面对困难时的态度，以及做这些事情时的一些情绪。自我效能感高的人，通常能主动应对压力；相反，自我效能感低的人通常会采用逃避的方式缓解这种压力。

同时，自我效能感对焦虑感也有很大影响。如前文所述，那些相信自己能应付可能出现的危险的人，很少会把精力用来想象各种消极因素出现的可能性；而那些觉得自己在高度焦虑时难以应付困难的人，往往会低估自己的能力，头脑中也会不断地想象各种可能出现的危险，并为此烦恼。

2. 自我效能感会影响我们对环境的选择

在学习和生活中，当我们面临选择时，通常会倾向于回避那些自己认为无法应对的活动和环境，而选择去做自己感觉能够胜任的事情，并选择进入自己认为能够适应的环境。在这个过程中，自我效能感显然就通过影响个人的价值观、兴趣及对能力的认识因素等，来为个体确定发展方向，而这一选择反过来又会影响后面的生活和发展。

比如，一些大学毕业生在选择职业时，那些自我效能感高的毕业生会认为自己的职业选择机会更多一些，因此也更乐于积极地学习或接受再教育，从而为实现自己的职业追求做好准备。也有些毕业生即使具备足够的能力，但由于怀疑自己在某方面的潜能和表现，也会限制自己的职业选择范围。

3. 自我效能感会决定我们的心理特质

当自我效能感降低时，人很容易产生一种习得性无助感，也就是一种对现实的无望和无可奈何的行为和心理状态。这是非常不利于个体幸福和未来发展的。马丁·塞利格曼在进行著名的“习得性无助”研究时，也注意到自我效能感这个命题。他通过实验证明，无论是实验中的动物，还是校园里的大学生，当进入“习得性无助”状态时，几乎都丧失了自我效能感。这种现象便启发了他对于积极心理学的拓展：人既然有自我效能感，那么如果无助可以习得，积极也一定可以习得。

从一个更大的范围来说，自我效能感甚至是所有生物求生存、求发展的核心动力。虽然我们用自我效能感定义了人类具有的独特心理特质，但从某种程度上来说，具备自我效能感也可以认为是生物的一种生存与发展本能。自然与使然从来都不是独立存在的，而是相互影响与共同作用的。探讨人类的自我效能感，我们甚至可以在进化中找到某些蛛丝马迹。

如何激发潜在能量

实际上，大量的心理学相关研究都重复验证了自我效能感对一个人的影响。那些自我效能感高的人，主要通过以下几个方面的特质来激发自己的潜在能量，优化自己的行为表现。

1. 知难而上，主动面对压力引发的焦虑

那些相信自己能够应付可能出现的危机的人，一般很少花精力去想象各种消极因素出现的可能性，而将更多的精力用于寻找解决问题的方法上，因此也更容易完成富有挑战性的任务。

相反，那些觉得自己在高度焦虑时难以应付困难的人，往往会低估自己的能力，在头脑中不断地想象各种可能出现的危机，并为此而烦恼，难以专心致志地处理面对的问题，最终因不自信而畏首畏尾、不敢尝试，错失成功的机会。

2. 自力更生，积极寻找解决问题的方法

自我效能感高的人有充分的自信，或者说即使暂时能力欠缺，也相信自己能通过努力找到替代方案，或在短时间内提升自己的能力，以应付眼前的困局。他们很少将希望寄托在别人身上，只想通过自己的能力寻找解决问题的方法。这种“天助不如自助”的信念也令他们对学业、工作等方面的满意度比普通人更高一些。

人们几乎都有追求稳定和安全感的倾向，尤其是在面对一些选择时，多数人都倾向于从感性上回避那些自己认为无法应对的活动，以及缺乏掌控感、让自己感觉不舒服的环境。而自我效能感可以通过影响我们的价值观、兴趣及对能力的认知等，促使我们走出“舒适区”，主动迎接困难和挑战，从而激发自己的潜能，理性地确定更适合自己的发展方向。

决定孩子自我效能感的五要素

在上一章中，我们提到过一个叫作“可爱岛”的地方。其实在可爱岛上，除了我们提到的心理学实验，科学家还进行过另一个更有意思的实验。这个实验不是针对人，而是针对野生动物。后来人们把这个实验称为“可爱岛上放飞自我的野鸡实验”。

放飞自我的野鸡实验

里·亨利克森（Rie Henriksen）和他的同事、进化遗传学家多米尼克·赖特（Dominic Wright）从瑞典林雪平大学来到可爱岛。随他们一起来到可爱岛的，还有各种捕兽装备、无人机、红外摄像机，以及一个可移动的小型分子生物学实验室。他们此行的目的是研究可爱岛上的野鸡。

这些野鸡一直在野外自由活动，是几百年前引入夏威夷的鸡和现代肉鸡、蛋鸡的杂交种。这种杂交种鸡分布在岛上的每一个角落，可爱岛的当地居民对它们又爱又恨。生物学家则视这次实验为进化中的一个绝无仅有的实验：当鸡回归野性的时候会发生什么？

通常认为，人类驯化动物的过程会塑造动物的基因，以使其逐渐适应人类社会。动物为了适应野外生存的特性会逐渐丧失，取而代之的是对人类有利的性状，如快速生长和服从人类。而野性化似乎是驯化的反过程，至少看起来是这样的。

但是，几位研究人员进一步的研究显示，可爱岛上的野鸡并没有变成它们祖先的样子，而是进化成一个全新的物种。它们保有一部分祖先的性状，同时又保留了被人类驯化后的一些性状。这说明，生物在环境影响下发展出了新的适应性基因类型。自然与使然共同作用的结果就是进化出一个“新的物种”。

因此，后来亨利克森和赖特说：“再野性化动物迫使我们重新思考之前使用的二分法分类系统，把动物分成野生的和家养的两类。这个方法过于简化，是不科学的。”

连可爱岛上的野鸡在“放飞自我”后，其内在的生命动力都能使其进化成一种“全新的物种”，那么作为具有高智慧与高感性的人类，在环境中是否也能发生某些我们看不到的变化呢？

顺着这个逻辑，我们甚至可以大胆地提出一个问题：想要让孩子拥有这种类似于自我效能感的生命动力，我们的教育该为其提供怎样的积极帮助呢？

自我效能感来自坚信不疑

成功者能够坚持到底的关键，就在于他们对实现目标的自我效能感要比一般人高得多。他们坚信自己具有达成目标的能力，并且一定可以达成目标，自我效能感是对自己特定能力的一种判断，表现为一种天生的乐观主义和面对挫折时的韧性。对于孩子来说，从很小的时候起，他们就要经历各种情境的考验，而这些情境对于发展中的孩子来说，总体上表现为一种困难与挑战，也就是我们所说的“成长的烦恼”。小到学习穿衣、吃饭，大到升学压力的增加、同学间竞争的凸显化、人际交往的逐渐复杂化，如果处理不当，就会不断降低他们的自我效能感。这时如果我们不予以重视和疏导，孩子就容易产生负面情绪，进而影响学习和生活。

心理学家坚定地认为，自我效能感高的孩子，在面对这些困难时通常会更积极、乐观，也愿意从失败中汲取经验，而不是任由挫败感影响自己。很显然，如果家长愿意相信心理学家的这种观点，我相信家长会更注重培养孩子积极、坚定的个性和品格，也会更加积极地付诸实践。

美国作家约翰·怀特（John White）在《拒绝》一书中曾指出，许多科学家、艺术家和作家所具有的共同特征，就是对于他们自身能力的坚信不疑。这种信念也使他们能够经受得住各种被拒绝、被否定的挫败之考验，并且仍然坚持自己的梦想，一定要实现它们。

迄今为止，我已经发表过几百篇论文，其中有多篇论文还获了奖。但是，我在刚刚尝试写文章时，基本上没有一篇文章是第一次投稿就被接受的。因为第一稿总会有些问题，这时如果选择放弃，那么我可能永远也完不成一篇合格的论文。只有坚信自己一定能完成，一定能做好，一定能达到理想的效果，才能真正不断地完善自己，追求成功。所以我的很多著作最后都完成了，很多论文也陆续发表了，而支撑我的心理力量就在于我对自身能力具有坚定的信念。生活本来就处处有拒绝，自信才是最有力的支撑。

如何判断自我效能感的高低

可能有些家长会问：“彭老师，既然您说孩子的自我效能感这么重要，那怎么才能知道孩子的自我效能感是高还是低呢？”

如果你问出这样的问题，我想说：“恭喜你，你已经进入培养孩子自我效能感的良性轨道。”因为这里有一个潜在的逻辑，就是当我们想到如何评估孩子的自我效能感时，我们已经对自我效能感建立了一种虽有些模糊、但方向正确的思维习惯。当然，要判断孩子目前自我效能感的高低，作为家长还是有一些小窍门儿的。比如，你平时可以假装不经意地问孩子下面这些问题：

- 假如让你尽力去做一件事，你是不是觉得最后一定能完成？
- 即使别人反对，你是不是也有办法得到你想要的东西？
- 对你来说，坚持理想和达成目标是不是一件特别难的事？
- 你能冷静地面对困难，是因为相信自己有处理问题的能力吗？
- 当面对一个难题时，你是不是经常能找到几个解决办法？

这些问题听起来很抽象，但是孩子能够理解并做出回答。通过孩子的回答，你就能了解孩子是不是具有较高的自我效能感。当然，如果你感觉孩子的自我效能感偏低，也不必着急，因为影响一个人自我效能感的因素很多，只要对症下药，我们就完全可以帮助孩子提高自我效能感。

影响自我效能感的五要素

通常来说，影响孩子自我效能感的要素主要有以下五种。

1. 孩子以前成功或失败的经历

孩子的自我效能感是建立在以往经验基础之上的。如果孩子过去有过很多成功的经历，那么就会在反馈的积累过程中变得更加相信自己，并实实在在地不断提高自尊心与自信心，也就是觉得自我受重视、有能力、能成事、能获得大家的喜爱，从而获得较高的自我效能感。因此，比起一些喊口号式的自我激励，鼓励孩子付诸行动并努力取得成功，是让孩子获得自我效能感的最有效方式。我将这种方式称为孩子自我效能感的“获得感激励”。

但是，获得感的取得并非总是这么容易，其中一个主要阻碍就是成功经验对孩子自我效能感的影响。有时还要取决于孩子习惯性的归因方式，也就是孩子怎样解释自己成功的原因。这也是区别孩子自我效能感获得是属于真实的，还是虚幻的分水岭。

比如，由于受家庭或学校舆论氛围的影响，孩子把自己考试成绩的提高归结于外在原因，如参加了补习班、有父母的辅导陪伴，或者运气好、考题简单等。这种归因方式就过于强调外界资源对于孩子的帮助，其结果是即使孩子考了好成绩，也不会觉得是自己能力提高了。而且这不但不会增强孩子的效能感，还会让孩子的效能感降低。“反正有补习班，反正能押题”，这种心态绝对不是自我效能感的正面教材。

反过来，即使孩子的某次考试成绩不理想，但如果他所习得的舆论氛围是积极而正向的，那么他就会将考试失败的原因归结于自己没能发挥正常水平，而不是否定自己的能力。这样一来，即使孩子某次考试不理想，他的效能感也不会降低，甚至还可能在逆境与困难中实现新的突破。

2. 替代性经验或榜样的影响

有句俗话叫“人比人，气死人”，但心理学家发现，有时与我们喜欢的人、认同的人或崇拜的人比一比，反而会对我们产生激励作用。所以，比较并不是一件坏事，关键是我们用何种态度和方式来比较。

现在，一些学校对于低年级学生采用保密成绩制，也就是不公开学生的考试成绩排名，甚至连考试卷子都不发给学生和家长。我个人不太赞同这种做法，虽然看起来似乎很人性化，但实际上，这种保密成绩制做不好的话，反而会导致孩子出现一种相对消极的“逃避”心态。全世界的学校都有各种排名，但这种排名不是要证明谁比谁更强或更好，而是通过一种理性的方式为人们建立一个定位系统。也就是说，每个人心里必须要有一个明确的定位，这是人得以发展的一项很重要的心理需求。否则，人就会对一些不确定性充满恐惧，就像从太空中回来的宇航员接受采访时说的那样，在太空中最大的恐惧是走出飞船的一瞬间，发现自己处于浩瀚的宇宙中那种彻底的无助感。

当然如果学校仅将排名当成是比谁学习好、谁学习不好，我是不鼓励的。如果因此彻底省略排名，那么排名所具备的为学生建立定位系统的价值就会被极大浪费。心理学家也明确告诉我们，人的很大一部分自我效能感都源于观察他人的经验，也就是榜样的作用或同伴的影响。如果你发现自己的朋友完成了一项很困难的任务，那么你就会产生一种自信：他能做到，我当然也能做到。这种情况并不是通常所说的不服输心态。事实上，从自我效能感理论上说，人与人之间的比较在某种程度上也是一种自我效能感的互相感染与激发。实验证明，有明确目标的自我效能感比缺乏目标的自我效能感的发动更容易，也更有效。所以，比较不一定是出于“我要赢你”的心态，而是为了激发孩子“我能行”的动力。

比如，孩子准备参加钢琴考级，但害怕不能通过。这时如果你告诉他，班上哪位同学或隔壁的哪个孩子刚刚顺利通过考级，他的水平和他们是差不多的，那么孩子就会认为自己的能力跟他们差不多，应该也能成功。于是孩子也更愿意去尝试，并从自身的进步中获得自我效能感。这时需要避免的就是“人家都考过了，你为什么考不好，你比人家脑子少根筋吗”这种有百害而无一利的强弱比较观念。比强弱当然容易让人沮丧，但比“我也能”则大概率会激发自我效能感。

一些成绩中等的孩子，如果经常与学习优秀的孩子仅在“优秀不优秀”这个概念内做比较，可能会觉得自己样样不如别人，怎么努力也没用，结果越比越没信心。但如果家长能引导他们进入定位系统的思维，将这种比较转化为对自己阶段性的客观认知，为自己需要改善的内容提供参照，并与其之后的目标有效连接，那么这种比较反而会成为一种积极的动力与明确的信息。而且，家长与教师也可以通过比较内涵的扩大——不仅与同学比，还要同过去的自己比，来激发孩子不断突破自己的信心，让孩子发现自己其实一直在进步。这种个人的进步也会让孩子获得成功的体验，增强自我效能感。

3. 他人的评价

我相信很多家长都会听到一些孩子高考成功后，在谈及自己的成功经验时，大多会提到自己在人生某个低谷或迷茫时，得到了家长、某些老师的反馈，从而产生一种顿悟的感觉，改变了自己的学习与生活习惯。

可见，他人的评价对孩子产生的影响是十分深远的。如果孩子在成长过程中能获得父母、老师、同学等周围人的关心、欣赏和重视，经常听到肯定、赞美、鼓励的言辞，孩子就比较容易获得自我效能感。

反之，如果孩子经常受到身边人的讥笑、羞辱、轻视、否定、孤立，甚至虐待和责骂，自我效能感水平就会很低。尤其是成人对于孩子失败的不满，比如由于成绩不好，孩子被父母批评、否定，或者在学校被其他同学排斥，长时间受到老师的批评责罚，等等，都会严重破坏他们的自我效能感。

换句话说，你认为孩子能成功，从某种意义上讲，孩子也会更容易成功。这也是很多名牌大学毕业的孩子在社会上发展得更顺利的原因。就是由于一路走来，大家都认为他们应该很优秀，应该能取得成功，这增加了他们的自我效能感，也使他们更乐于追求成功。

4. 合适的情绪唤醒

班杜拉的研究发现，高水平的情绪唤醒会使孩子的成绩降低，因而也会影响孩子的主观效能感；而当孩子不是特别容易被唤醒状态干扰时，他们的主观效能感会更高一些。

其实成年人也经常有这样的体验，当我们感到紧张、恐惧、焦虑时，就会患得患失，甚至丧失自信；而当我们开心或感觉良好时，就会有更高程度的自信，认为自己可以克服困难，达成目标。

情绪唤醒既包括情感上的觉察，也包括身体的感觉。当我们感到筋疲力尽，或身体疼痛、不舒服时，精神状态也会变差，自信心会随之降低，自我效能感也会下降；当我们的身体状态、健康状况良好时，就会有更大的自信和动力。

因此，我们平时要多注意观察孩子的身体状况和情绪变化，在孩子身体状况不佳时，及时让孩子休息，尊重身体的节律，切忌让孩子搞疲劳战术，导致孩子因为体能欠佳而影响情绪与效能。

5. 熟悉的环境条件

在漫长的进化过程中，人类对环境越来越敏感，同时也渴望从熟悉、亲切的环境中寻找安全感。一旦我们进入一个陌生或能引发焦虑、恐惧的环境，我们的效能感水平就会降低。这也是为什么在一些比较重大的考试，如中考、高考之前，老师都会安排学生提前探访考点，熟悉考点内外的环境，规划好交通路线，因为这样可以较好地帮助孩子缓解他们考前紧张、焦虑的状态。

总之，孩子越小，越容易培养自我效能感，因为此时他们面临的人生“难题”更容易解决，比如自己吃饭、自己穿衣服等。哪怕孩子一次次失败，但只要愿意尝试，就有成功的一天。但大一些的孩子所面临的学业、人际交往等，都是人生的大命题，一旦遭遇失败，就可能使他们的心理受到很大的打击，甚至有些事情都没机会挽救。所以在成长过程中，我们要多给孩子创造抱持性环境，让孩子从小就觉得“我能行”“我可以做到”，不断强化他们的自我效能感。

积极的自我评价

自我验证理论家威廉·斯万（William B. Swann）曾提出一个“自我验证模型”理论，这个理论指出，具有积极或消极自我概念的人，认为自己会成功或失败的人，会选择营造验证自我的社会环境：

- 选择与成功或失败的人交往；

- 在别人面前展示成功者或失败者的形象；
- 采用能够验证自己成功或失败的交往策略。

同时，他还会对现实信息进行主观歪曲：

- 选择性地注意那些成功或失败的事迹；
- 选择性地对事情解释，失败或成功的事都能解释为成功或失败的事。

具体来说，就是在评价自己“肯定会成为失败者”时，自己就会担心失败的发生，结果也会展现失败者的形象。这种担心又容易让人做出退缩、回避等行为，继而从这些线索中再次强化自己会失败的自我概念。即使在整件事中有些步骤是成功的，也会选择性地忘记这些成功，反而只记住那些失败的事，甚至对此深信不疑，觉得自己成功只是侥幸，失败才是常态。

很多孩子都会产生这种具有主观色彩的自我评价，但这种自我评价产生的原因却可以追溯到父母、老师或身边的人身上。因为在儿童阶段，孩子的自我评价是建立在外界评价基础之上的，孩子需要通过成人的评价来形成对自己的评价。这也就是说，如果父母、老师或身边的人对孩子有不恰当的评价，就会令孩子产生负面的自我评价，而这种自我评价又会引导孩子不断地向着其所评价和预言的方向走去，导致孩子形成消极、悲观、抑郁的人格特征。

所以，我们在评价孩子的一些言行时，一定要多用积极、正面的语句，让孩子看到自己在父母眼中的优点和长处。即使孩子遇到困难和失败，也要给予孩子鼓励，多肯定他的努力和付出。通过这样积极的互动，孩子才能逐渐建立对自己的正确认知和积极的自我评价，增强自我效能感。

在心理学上有一个非常著名的实验，叫作“所思即所得”。这其实是一个关于人类认知本质的心理科学调查。

这个实验诞生于1966年，当时的宇宙学还没有今天这般发达，人们也证明不了引力波的存在。同样，当时的生物学对人类大脑与心智的研究也不如今天这样先进和全面。但是，人们对人类自我认知的好奇心却一点儿也不比今天弱。因此，在缺乏大量科学证据与实验证据之前，人们便通过预言的方式提出了这样一个观点：“如果我们预期某一事物将以某种方式发生，我们的期望就会倾向于让它变成现实。”

其实早在1911年，“自我实现的预言”便引起心理学家的注意，只是当时还是神的重要性远超于科学的年代。1966年，这项“所思即所得”的心理学实验才第一次证明：在某些领域，人类的这种预言的确就是事实。

根据这个结论，如果我们不能从自己的负面情绪与心理状态中解放出来，那么我们所担心的一些让自己不愉快的事就真的有可能在生活中出现。

这也提醒我们，如果希望孩子获得自我效能感，就要多给予孩子积极的评价，同时也要多引导和鼓励孩子进行积极的自我评价。具体来说，我有以下两点建议。

鼓励孩子表现出积极、成功的样子

华为总裁任正非曾说过这样一句话：“一辈子假积极，就是真积极。”任何成功，都需要正向的体验和经验的积累，因此我们平时要多鼓励孩子，让孩子的言谈举止向那些积极、成功的人看齐。

比如，让孩子走路时步伐快一些，走出虎虎生风的气势，可以显得更有朝气。如果步履缓慢沉重，会显得很颓废，很没精神，人也比较消极。

再如，听课、观看演出时尽量坐在第一排，并且第一个举手回答问题，这些都可以展现孩子的自信和活力。而且为了回答正确，获得老师和同学的肯定，孩子也会更加主动地思考，展现自己。

评价孩子时对事不对人

很多父母在评价孩子时很不注意分寸，常常人事不分，因此也经常打击孩子的自信心，影响孩子对自己的评价。

有一次，一位妈妈跟我讲了她家里人教育孩子的一个故事。

下雨时，楼下有积水，小孩子都喜欢踩水玩，她儿子也不例外。后来孩子的爷爷为了阻止孩子踩水，就哄孩子说："不踩水，踩水不是好孩子。"孩子一听，就停下不玩了。爷爷觉得这个办法不错，能让孩子听话，于是就经常用"不能做这件事，做了就不是好孩子"，或者"要这样做，这样才是好孩子"。每次只要爷爷这样一说，孩子就听话了。

但是，这位妈妈心里却觉得，爷爷经常这样用"好孩子"这个标签要求孩子做一些事好像不那么对，但又说不出为什么。

实际上，爷爷是在通过给孩子贴标签的方式纠正孩子的行为。但孩子对别人的评价是很敏感的，他们能从外界对自己的夸奖或批评中体验到更高级的情绪。这意味着别人的夸奖和称赞会让孩子体验到一种自我肯定的情绪，如开心、自豪等，孩子的自我效能感也会因此增加。相反，别人的批评会让孩子体验到消极的自我否定的情绪，如伤心、内疚、羞愧等，自我效能感也会降低。

在上面的案例中，我们看到，当爷爷用"好孩子"和"坏孩子"来定义孩子时，表面上看孩子虽然听话了，但却极大地伤害了孩子的自我效能感，也影响了孩子对自己的正确评价。

正确的做法是，在评价孩子时要对事不对人。比如孩子在玩水时弄脏了衣服，那么我们就可以这样说："你很喜欢玩水，但如果下次不弄脏衣服，那就更好了。”这样一来，孩子的消极情绪就不会被放大，并且下次为了不弄脏衣服，他们也会更好地调整自己的行为或改正自己的错误。这就不会伤害他们的自尊心以及影响他们的自我评价。因为孩子清楚：“虽然我把衣服弄脏了，做错了事情，但这不意味着我就是个坏孩子，我仍然是个好孩子。”

恰如其分的激励和赞赏

恰如其分的激励和赞赏不但能促进亲子关系，还能增加孩子的自信心，提升他们的自我效能感，让他们拥有更加积极的心态，在愉快的情绪中学习和进步。

看到这里，有些父母可能就开始皱眉头了。我也经常听到一些人跟我抱怨：“彭老师，我也经常激励孩子，可为什么孩子无动于衷呢？”“我也想赞赏、表扬孩子，可不知道该怎么做。”“为什么我一表扬孩子，孩子就一脸不屑地看着我呢？”……从这些表达中我们可以发现，不少父母把激励、赞赏和表扬混淆了。

在《现代汉语词典》中，“激励”是指激发、勉励，使之振作；“赞赏”则是赞同、欣赏；“表扬”是指对好人、好事的公开称赞。这几个词语的词义虽然有一定的相似性，但细细品读的话，还是有差别的。激励通常注重的是做事的过程，更多的是引导孩子与自己进行比较；赞赏则是对孩子一些言行的尊重、欣赏；表扬则是表达对孩子行为的肯定和鼓励，更强调的是结果，并且经常是跟他人做比较。

激励、赞赏和表扬都能在一定程度上提高孩子的自我效能感，帮助孩子树立自信心。这些积极的言辞具有特殊的魔力，不仅对孩子，就是大人在面对别人一个鼓励的眼神、一个热情的拥抱、一个肯定的点头、一个友好的微笑时，也会感到温暖、自信心增强。

但是，如果父母在激励和赞赏孩子时语言使用不当，或者没有掌握好分寸，不但不能促进孩子进步，还可能令孩子变得骄傲自大，或者对自己形成错误的认知。比如，有些家长喜欢夸孩子“聪明”：“你真聪明，全都做对了！”“你太聪明了，竟然能解决这个难题！”这就是个误区。长期被夸“聪明”的孩子容易形成一种固定型思维，会在任何时候都想表现得很聪明，这反而会使他们在遇到自己难以解决的问题时选择退缩、逃避，以避免自己显得“不聪明”。很显然，夸孩子“聪明”并不能提升孩子的自我效能感。

那么，怎样激励和赞赏孩子才算是把握好了分寸感，才能增加孩子的自我效能感呢？

美国著名亲子沟通专家阿黛尔·法伯（Adele Faber）和伊莱恩·玛兹丽施（Elaine Mazlish）在探讨“如何赞赏孩子”时，提出了一个操作技巧，就是用描述性的赞赏来代替评价性的赞赏。激励同样可以这样做。比如，当我们看到孩子有好的行为时，就可以先把他的行为描述出来，同时表达自己的感受，再把孩子值得激励和赞赏的行为总结为一个词。比如这样说：

- 你今天自己收拾房间啦，真整洁呀！收拾得很用心哦！
- 你把地板擦得很亮，书桌上的书也摆得很整齐。走进你的房间，让人感觉很舒服。
- 不用大人帮忙，你就把房间整理得这么整洁，这叫主动。

描述我们看到和感受到的，其实是通过赞赏孩子的行为结果来强化孩子的积极行为，以此来激发孩子的兴趣和动力，让孩子懂得努力比天赋更重要。父母日复一日地对孩子细微的进步进行描述和肯定，孩子内心的力量和自信就会不断加强。

所以，我在讲课时也会经常提到，在激励和赞赏孩子时一定要有分寸，注意方式方法。具体来说，父母要注意以下几点。

少强调结果，多强调过程

在我们所有的激励和赞赏过程中，一定要多强调孩子努力和行动的过程，少强调结果。这是激励和赞赏中一个非常重要的分寸。父母善于把握这个分寸，就会让孩子产生一种自我效能感、一种行动的欲望和冲动，下一次也会做得更好。

相反，如果你只看结果，不看过程，孩子一旦做不好就会产生焦虑、担忧和恐惧感。在这种情况下，孩子要么会有挫败感，要么会通过一些不恰当的方式“完成任务”，目的是向父母证明自己聪明。这样的方式显然不利于孩子增强自我效能感。

不脱离实际

有些父母为了表达对孩子的激励和赞赏，就没完没了地用各种评价性的语言夸孩子，比如：“你太聪明了！”“你真能干！”“你真了不起！”“你太厉害了！”“你最棒了！”“你好漂亮！”……这些都属于评价性的语言。但这些赞赏语言都是不太恰当的，有些甚至过于夸张、粉饰，脱离了实际。这些也许能暂时让孩子感到愉悦，但对于提高孩子的自我效能感并没有什么帮助，也达不到好的教育效果。

我们要记住，任何对孩子的评价都应依托于事实，而不是夸大虚浮。我们只有找到孩子在实际中表现积极的一面，引导孩子多关注自己能改变的部分，并不断地努力达成目标，才是增强孩子自我效能感的有效途径。

越权威影响越大

孩子对那些在自己眼中具有很高权威的人产生的信任度和认可度也更高，比如父母、老师、同学的家长等。所以，为激发孩子的内在动力，除了要经常给予孩子恰当的激励和赞赏外，我们还可以寻求家族中的其他长辈、学校老师、同学家长等，从不同角度、层面激励孩子，形成合力，让孩子时常处于一个积极、正面的能量场，也能增强孩子的主动性和自我效能感。

比起那些简单、脱口而出的评价性赞赏，如“你真棒”“你真厉害”等，强调过程的描述性激励和赞赏可能需要父母不断地练习和揣摩。因为一开始你可能找不到合适的语言，有时还会感觉很不自然。但为了帮助孩子，我们还是需要不断尝试，并且严格按照要求去做。只要我们坚持下来，就一定能在孩子身上看到进步。

培养孩子的成长型思维

在学习培养抗逆力的过程中，我们了解到具备成长型思维的孩子具有下面一些典型的行为特征：

- 不畏挑战，更有勇气挑战超出自己能力范围的事；
- 迎难而上，在困难面前不退缩，会积极寻找解决问题的方法；
- 足够努力，相信努力是成功的必经之路；
- 善于反思，失败后会积极寻找自己的不足，并进行弥补；
- 积极学习，会思考别人的成功之道，并进行积极的学习和探索。

同时，德韦克在研究过程中还检测了不同孩子在面对困难时的脑部活动图像。结果显示，固定型思维的孩子在遇到困难时喜欢逃避，不愿意积极思考解决问题的方法，所以他们的大脑几乎没有什么活动；而成长型思维的孩子更喜欢积极地应对挑战，能从各种错误中吸取教训，寻求突破，所以他们的大脑一直处于高速运转状态。

很明显，以上两种思维模式会导致完全不同的行为模式，让孩子在一定的年龄展现完全不同的个性特征。那些成年后发展得很好的人，往往拥有成长型思维模式，更有自我效能感，相信能通过自己的努力、良好的策略、他人的反馈和帮助，让自己的能力获得提高。而那些倾向于固定型思维的人，自我效能感就比较低，经常对自己说的话就是："我就这么大的能力，这种能力是天生的，我根本无法改变。"这种思维模式的差异，也可以解释当毕业几十年后同学重聚时，为什么有些学生时代引人注目的同学，现在却过着平淡无奇的生活；而大家之前觉得很普通的学生，反而取得了很大的成就。

既然具备成长型思维模式的孩子自我效能感更高，对自己、对未来都充满信心，那么我们该怎样培养和提升孩子的成长型思维呢？可以从下面几方面做出改善。

允许孩子犯错，鼓励从失败中获得成长

不管是孩子，还是大人，就算圣人，都有犯错的时候。对于孩子来说，因为年龄小，自控力差，各种能力尚在发展，犯错和失败

是再正常不过的事，但有些家长就接受不了。在我接触过的各类家长中，有很大一部分家长都难以正确地看待孩子的错误和失败，会把它看得太严重，觉得孩子犯错就是能力不行，自己也感到没面子。所以一旦孩子犯错，他们就会特别严厉地批评孩子：“你都这么大了，这点儿小事还做不好！”“都背了好几遍了，怎么还记不住？”……

每次犯错或失败，孩子面对的都是这样的情景，孩子的内心体验可想而知。当一个孩子下意识地害怕犯错时，就会放慢尝试新事物的速度，大脑接受外界事物的刺激也会越来越少。一旦孩子不再愿意接受挑战，不敢尝试新事物，又何谈培养成长型思维呢？他体验不到成就感，可能也就因此认命了，觉得自己天生就做不好这些事，干脆就不做了。

殊不知，错误和失败恰恰是孩子绝佳的学习和成长机会。对任何一个人来说，逃避失败，就意味着放弃进步。所以，面对孩子的错误和失败，父母的态度应该是理解和允许，并且鼓励孩子多尝试，不断地打破思维限制，寻找新机会，一步步深入思考，逐渐变得强大。

培养孩子的成长型思维，很重要的一点就是要让孩子明白自己的能力会不断增长，失败、犯错并不可怕。我们要做的，就是让孩子通过不断探索去解决问题，帮助孩子在这个过程中找到成就感，同时提升自己的思维能力。久而久之，孩子的成长型思维模式就会建立起来，自我效能感也会不断增强。当他遇到问题和困难时，会积极、主动地思考、面对、解决。

引导孩子对问题合理归因

固定型思维模式和成长型思维模式的人对成功和失败的归因是不同的。就孩子来说，固定型思维模式的孩子经常会把错误或失败归因为“我不行”“我能力差”等，并且把这当成是永久、普遍的原因。很显然，这是一种较为悲观的归因。这类孩子一旦陷入困境，就会认命或逃避。

与固定型思维模式孩子的做法正好相反，成长型思维模式的孩子即使遇到挫折、失败，也会把它们归因为一个暂时、特定的原因，并且认为这些挫折、失败都是暂时的。这类孩子会很乐观，也有勇气尝试摆脱困难，解决问题。

所以，德韦克强调，父母要引导孩子合理地对问题进行归因，并教会孩子运用“yet”，也就是告诉孩子：“虽然你现在没有做好，但这只是暂时的。通过努力，你一定能够达成目标。”不能让孩子产生“我永远不行”的念头。

学会改变自己的想法和言语

父母可以告诉孩子，他们不需要按照别人的想法生活，也不需要征得别人的同意做事。学会独立思考和行动，可以从关注自己的想法和行为开始。比如，先想一想你要说什么，如果觉得要说的内容有些负面或消极，那结果也可能是消极的。那么看一看能不能换一种说法，想一想是不是会有不同的结果。也就是说，要让孩子成为自己的思想和行动的判断者和指引者。凡是孩子自己思考后产生的想法和行动，父母都应尽量鼓励，不要急于评价或否定。如果觉得孩子的想法或行动实在不对，也要耐心地与孩子协商，引导孩子想得更全面、更合理。

我们发现，积极心理学的原则更容易让孩子培养成长型思维：用接纳代替评价，用同理代替鄙视，用爱代替恨；不要降低自己的道德标准，不要看不起自己，委屈自己等。当孩子养成这种习惯，以心中的高标准要求自己时，当孩子能够一心一意地追求远大目标时，孩子就真的具备了成长型思维，也会成长起来。

| 家庭游戏创设 |

自我的每一面

给自己和孩子分别发几张彩色卡片，在上面写下自认为优秀的一些方面。

第一张卡片上可以填写“生理的我”：身高、体重、体型、声音特点、五官特色等。

第二张卡片上可以填写“精神的我”：兴趣爱好、梦想愿望、能力、态度、常出现的情绪等。

第三张卡片上可以填写“品格优势”：热情、乐观、乐于助人、不畏困难等。

如果还有其他能描述的方面，可以继续填写。

将写满“自我描述”的卡片展开，彼此分享：“我是一个怎样的人？”

第五章

自控力

让孩子学会为自己的人生负责

对于很多孩子来说，理性地控制自己只是一时的行为，而失控却是经常出现的状况。心理学研究发现，一个在童年时自我控制能力强的孩子，学习成绩更好，心理适应能力更强，自尊心更突出，人际关系更和谐。长大后，他们的人生整体幸福感也更高。所以，培养孩子的自我控制能力，对于孩子的成长和未来发展至关重要。能够管住自己的人，未来才能成为自己的主人。

延迟满足 vs 自控力

不少家长问我："孩子上课时喜欢开小差，注意力不集中，怎么办？""孩子喜欢吃巧克力、棒棒糖等甜食，不给吃不行，放开了吃也不行，怎么办？""孩子平时学习不认真，一到周末就熬夜打游戏，怎么办？"……

我也有两个孩子，在他们小时候，这些情况我同样遇到过，此类让家长坐立不安的情况在孩子身上非常普遍，其原因就在于孩子不能很好地控制自己的注意力、情绪或欲望。我们知道，意志力会影响一个人对一件事的持久与专注程度，情绪会影响人际关系与解决问题的能力，而欲望则会导致无穷无尽的索取与不满。有时哪怕孩子犯的错误并不大，但在家长眼里也足够严重，严重到让家长经常想象在未来的某一天，孩子会因为这些能力的欠缺或不足而经历糟糕的人生际遇，为此担心不已。所以，我们特别希望孩子能从一开始就不出现这类情况，并用尽各种办法教育孩子，甚至动用一些非常手段。但结果是，孩子依然我行我素，这让家长头疼不已。

棉花糖实验

从心理学角度来说，孩子的这些表现属于缺乏必要的自我控制能力。自控力强的孩子，往往能将注意力集中在需要做的重要事情上，比如读书时能专心致志，考试时能精力集中。相反，自控力不那么强的孩子，可能就会在学习、做事时状况百出，必须通过家长适当的引导甚至纪律约束，才能保持专注。

关于自控力的心理学研究，最早源于美国斯坦福大学著名心理学家沃尔特·米歇尔（Walter Mischel）。1968年的某一天，屡屡戒烟失败的米歇尔反思了自己长期戒烟失败的原因，决定研究一个很重要的问题：自我控制。

米歇尔邀请斯坦福大学宾恩幼儿园600多名4~6岁的儿童来到幼儿园里新设立的心理学实验室——惊喜屋。在这个惊喜屋中，所有孩子首先需要从面前的棉花糖、曲奇饼、小脆饼、薄荷糖中选出一种自己最喜欢的零食作为奖品。接下来，孩子们就要面临两种选择：一种是他们可以马上吃掉自己选择的那份零食；另一种是暂时不吃自己已经拥有的那份零食，等待20分钟后，就可以得到双份同样的零食。

米歇尔想通过这个实验看一看，孩子们会以什么方式表现他们的自我控制能力，在什么年龄段会出现这样的自我控制能力，以及这样的自我控制能力具有哪些影响和作用。这就是后来被称为“棉花糖实验”的经典心理学研究，也有人把它叫作延迟满足实验。

什么是延迟满足？简单来说，就是指甘愿为了未来更有价值和意义的结果，暂时放弃眼前短暂且即时的愉悦感。

实验结束后，米歇尔发现这些孩子的个体差异非常大：有的孩子经不住诱惑，马上就吃掉了零食；有的孩子坚持了 20 多分钟，并且得到了双份奖励。从整体上来看，5 岁左右的孩子就能表现出一种延迟满足的自我控制能力，而年纪更小的孩子通常很难做到。

多年之后，当米歇尔无意中问起当年那些参加过棉花糖实验的孩子的近况时，意外地发现，这些孩子在学业和社交上的表现，与他们在棉花糖实验中的表现呈现高度的一致性。换句话说，凡是自我控制能力比较突出的孩子，未来的学习成绩和社会关系都比那些不能进行自我控制的孩子好很多。

米歇尔的这一研究发现让心理学家十分兴奋，因为自我控制是人类从神话中的亚当、夏娃时代就需要的一种能力，这种能力甚至被誉为人类文明的基础。

为了更加深入地了解自控力，从 1969 年起，在长达 50 多年的时间里，心理学家总共做了 3300 多项有关人类自控力的研究。在针对孩子的测试中，除了以棉花糖为工具外，还包括新玩具、曲奇饼干以及孩子们喜欢的其他事物。

正确理解实验结果

米歇尔具有开创性的棉花糖实验在世界范围内产生了深远影响，除了在心理学界引起巨大的反响外，在媒体和公众当中也产生了很大的反响。在这个理论的传播过程中，很多人对实验结论都存在一些误解，最通常的误解来自米歇尔实验所得出的结论推测。比如，很多家长看到棉花糖实验的结论后，就简单地认为：孩子的自控力完全可以决定未来的成就，孩子没取得好成绩就是因为自控力不好。实际上，这种简单化的结论并非米歇尔的本意，也违背了其研究结论。

在心理学上，我们把米歇尔的研究称为相关性研究，即一件事的发生与另外一件事的发生具有相关性，或者说有一定影响，但这并不是家长所理解的那种“因果关系”。没有实验确切地证明自我控制能力与成就、收入、健康等具有直接的“因为……所以……”关系，更不能把孩子抵制不了糖果的诱惑，或者周末熬夜打电子游戏、没有考出好成绩等，都完全归结为孩子缺乏自控力这唯一的原因。米歇尔想强调的是，自控力对于一个人成才、成功会有积极的促进作用，但并非每一个成才、成功的人都具备强大的自控力，也不是每一个没有成才、成功的人就不具备自控力。

棉花糖实验如此美妙，心理学家忍不住针对影响自控力的其他因素做了大量的研究分析。结果发现，家庭环境是否稳定、是否有安全感，以及社会经济地位等，对孩子未来的成就同样具有不可忽视的影响。但总体来说，我们可以这样理解，童年时自控能力强的孩子，学习成绩相对会更优秀一些，心理适应能力更强，人际关系也更融洽。这虽然不是必然的因果关系，但自控力确实对人格的良性发展具有重要作用。

保护孩子的自控力心理资源

事实上，对于很多孩子来说，他们也想好好学习、认真听课，可道理都懂就是控制不住自己，制订的计划坚持不下来。这时，家长千万不要一看到孩子控制不住自己，就想当然地把责任都归结到孩子的习惯或人格上面。孩子的自控力发展并不是家长说一说、骂一骂或者满足一下孩子的需求就能形成的。我们该怎么办呢？

首先，我们需要了解自控力的科学原理。上面这些情况，可以算是我们常说的“心有余而力不足”。从心理学角度来说，“心有余而力不足”是因为个体的自控力心理资源有限，一旦损耗过度，就会资源不足，于是我们即使很想做某件事，也难以坚持。在心理学上，这种情况也被称为“自我损耗”（ego depletion）。

什么是自控力心理资源

著名心理学家罗伊·鲍迈斯特（Roy Baumeister）在 1994 年提出“自控力心理资源”理论。他认为自控力是一种非常有意义的心理力量，但同时也是会消耗的。它就像我们身上的肌肉一样，经常锻炼就会变得越来越强壮，而过度使用又会感到疲劳、酸疼。这也是有些人明明知道诱惑对自己没什么好处，但还是难以抵御诱惑的原因，并不是我们内心不知道这样做的坏处，而是因为我们的自控力被消耗殆尽。

我们可以想象一下，自己有一个“心理账户”，存储着你的各种“心理资产”，如坚毅、勇气、同理心、审美感、创造力、感恩、升华感等，而自控力就像流动账户里的现金资产，它的总量有限，你一使用，它就会被消耗；如果不加以补充，它就会越来越少，而其所产生的利息也会越来越少。

可是，看一看我们的家长平时在教育孩子的过程中，有多少是在一边打击孩子的自尊心、自信心，一边强调“你就是控制不住自己，将来没出息”这样的概念呢？

“自控力现金”真的很重要，并且它需要高超的“理财技术”。鲍迈斯特的进一步研究发现，当一个人连续进行需要自我控制资源的任务时，前期的自控力行为居然会对后期的自控力行为产生负面影响，导致总体自控力降低。

比如，桌子上有一块巧克力和一根胡萝卜，现在让孩子看着巧克力，却不让他吃，只让他吃胡萝卜，那么这对孩子来说就是一种自控力心理资源的消耗。当他的自控力心理资源被消耗完后，你再让他完成一些有挑战性的任务时，他就不愿意去挑战了，因为他已经没有足够的力量完成这些任务。

鲍迈斯特的研究启发了我们：其一，对于孩子所具备的“自控力现金”，不能盲目地让他“花费”，要有确定的目标；其二，不能让孩子的自控力过于分散，不要什么事都要求用“自控力现金”进行结算，它应该主要用于那些最主要的目标；其三，要适度地帮助孩子补充储蓄“自控力现金”。

自控力是一种宝贵的心理资源，但也是有限的。明白了这一点，我们就能理解为什么我们让孩子坚持学习半小时，他明明答应得很好却做不到，或者为什么孩子刚开始学习时效率不错，到后面就越来越不专注，就是因为到后期他们的自控力心理资源不够了，根本没办法很好地控制自己。

如何管理自控力心理资源

既然自控力心理资源会消耗，那我们能不能避免它的过度消耗，尽量“节省”一点儿，或者想办法来增加呢？

心理学家告诉大家，这是完全可以做到的。我们可以从以下几方面来管理自控力心理资源。

1. 通过远离法避免自控力的过度消耗

回到前面的棉花糖实验，当初那些成功地克制自己不吃第一颗糖的孩子的自控力天生就比其他孩子强吗？

关于这个疑问，研究人员通过隐藏的摄像机给我们揭开了答案：

这些孩子在面对眼前的棉花糖时，有的紧紧地盯着棉花糖，有的会把糖拿到手里闻闻，有的甚至会偷偷舔一下。很明显，这些孩子大多数都难以抵御棉花糖的诱惑，最后没有忍住。

但是那些抵御住诱惑的孩子却做了这样一件事：他们有的用手把眼睛遮起来，这样他们就看不到棉花糖了；有的给自己讲故事，分散自己对棉花糖的注意力；有的甚至发明了一些手脚并用的游戏，自娱自乐，目的就是不看眼前的棉花糖。

从上面的实验情景描述中，那些成功抵制诱惑的孩子找到了分散注意力的方法。

大量的科学研究表明，其实绝大多数孩子都不是天生的自控者，能自控的孩子也并不像我们通常想象的那样坚强、勇敢而自律。那些学习成绩优异、行为举止得当的孩子，并不像电影、电视剧中的英雄那样咬紧牙关紧盯着棉花糖，靠意志力控制自己想吃的欲望，对自己说“我要抵制诱惑，我要严格要求自己，我要坚定信念，我要战胜欲望”等。实际上他们运用了一些智慧的“小技巧”，避免自己的自控力在棉花糖上过度消耗。

有时，智慧是比蛮力更加务实的生存之道。后期的跟踪实验也表明，这部分孩子在长大后，很多人都能表现出更擅长规划自己的生活，目标导向明确，知道自己要什么，也知道怎样避免诱惑，因此从实际效果来看，他们也更容易实现自己的目标。他们的成功在很大程度上也是规划的成功、专注的成功。这就提醒我们，当我们想要帮助孩子提升自控力时，不妨引导他们学会用分散或转移注意力的方法避免在无意义的事情上过度消耗精力。

2. 制订更合理的计划，减少自控力消耗

更多时候，孩子之所以不能集中注意力做一件事，最重要的原因是他们缺乏合理而周全的计划。比如，我们在学校里就经常发现，有些学生在学习时没有规划，也缺少相应的训练与习惯培养。这种情况就像人们常说的“东一耙子，西一扫帚”，一会儿想起来数学作业还没写完，赶紧拿出来写；一会儿想起英语单词还没背，又赶紧抱起英语书背单词……结果，一样也没做好，一样也没有做精。这样越来越焦虑，学习效果也越来越差，久而久之就形成恶性循环，进而对学习感到无助与无力。

从前面的论述来看，这种情况看起来是学习能力不足，其本质却是学生在自控力心理资源上的过度消耗。“蜻蜓点水”式的自控力使用法是很不好的习惯，但“雨露均沾”式的学习同样低效，特别是对于中小学生来说，“不求甚解”式的学习危害性更大，会直接导致每一科都达不到最理想的状态，孩子不但不能获得成就感，还会导致挫败感不断增强。

要避免发生这种情况，父母就要特别注意培养孩子科学使用自控力心理资源的能力，帮助和引导孩子了解自己的强项和弱项，清楚自己的极限，然后制订更加高效合理的计划。

比如，针对日常学习，可以和孩子一起制订计划。先理性评估孩子各门学科的学习现状，再合理地帮助他们分配自己的学习时间和要完成的学习任务。同时，鼓励并指导他们将一天中最重要的学习任务安排在自己精力最充沛、效率最高的时段，以保证孩子能在自控力心理资源比较丰沛的时候完成最重要的任务。或者指导孩子每次只专注于一件事，培养孩子不要被其他事物分心的自我意识。具体的训练方式，可以是在某个时间段只设定一个目标，在这个过程中尽量不要打扰孩子，但需要陪伴他，以便快速地帮助孩子解决问题，让孩子积累成就感，体会到专注和专一带来的愉悦。然后表扬孩子的努力过程，而不只是表扬结果，更不能把完成目标归因为孩子聪明，而是用类似于“你认真做事的样子真好看”“我喜欢你专注完成这件事的态度”等强化孩子的正确行为，直到孩子养成习惯。

如此一来，孩子就慢慢学会了如何控制自己的时间、精力与兴趣点，从而更科学地安排自己的时间与精力，最大效能地使用、发挥自己的自控力心理资源。通过这种方式，孩子也能逐渐找到自己的内在驱动力，再通过日复一日的坚持和实践，他们的自控力不仅不会过度消耗，还会逐渐增强，同时也有助于培养强度更高的意志力与坚毅力。

3. 及时休整，为身心蓄能

良好的储蓄习惯是保证我们生活稳定、富足的一个重要手段，而孩子的“自控力现金”账户同样需要我们帮着建立良好的储蓄习惯。及时休整，为身心蓄能就是自控力储蓄的最佳方式。

比如，我们在生活中经常会有这种感觉：当我们刚刚进行完一次比较激烈的体育活动后，再去做其他繁重的体力劳动时，就会感觉体力不支；就算去做了，也是心有余而力不足，心里只想着好好休息一下，放松一下。这其实就源于我们的心理自控力心理资源被过度消耗了。激烈的体育运动除了会消耗大量的精力与体力外，还会消耗大量的自控力。因为在体育运动中，不仅需要精神高度集中，还要在体力逐渐透支的情况下坚持下来。这时，我们的大脑和身体就会多次发出“超负荷”的警报。

在这种情况下，我们要做的不是咬紧牙关、强撑精神去完成其他任务，而是及时休整身心，为身心蓄能，补充身体和心理所需的能量。尤其对于孩子来说，如果在过度劳累的情况下继续学习，不仅效果不好，还可能损害健康。所以这时你要让孩子及时停下来休息，比如小睡一会儿，听一会儿音乐，待身体能量恢复后再进行其他活动。这样一来，孩子不但更容易控制情绪，还更乐于接受新的挑战。

现在一些学校会在课后给学生留很多家庭作业，孩子放学回家后，还要花费很长时间写作业。我是特别不赞成这种方式的。在中国的国情下，课后没有作业肯定是不行的。但从科学留作业的角度来说，孩子放学后的作业量不应超过两小时，以一小时多一点儿的时间为佳。因为孩子在学校学习一天，身体自控力已经透支，回家就想舒服一下，“懒一下”。这也是获得身心放松的直接需求。而大量的作业只会让孩子身心疲惫，并且由于自控力能量得不到补充，还会使孩子第二天上课缺乏精神，从心理上也更有可能产生习得性疲倦。久而久之，这种习得性疲倦的状态就容易发展成厌恶学习、抗拒作业等心理问题。

如果我们发现孩子出现类似情况，切记不要责备孩子，而是先看最近一段时间孩子的自控力心理资源是不是被极大地消耗了。如果是这样，就不要继续强迫孩子写作业，而是适度地为孩子减少作业量，或者允许孩子课后放松、周末不要参加各种培训班等，带着孩子出去散散心、玩一玩。待孩子的自控力心理资源恢复后，再投入学习，效果才会更好。

总之，孩子的可塑性是极强的，正确地理解并对待孩子的自控力心理资源缺失，会让孩子很快从被动与无助的状态中走出来，进入更加积极、乐观的生活状态。

从延迟满足能力到自控力

在前文米歇尔的棉花糖实验中，有些5岁左右的孩子就表现出了延迟满足的自我控制能力。这些孩子在未来的学习、生活中也明显具有较强的自控力，做事时注意力也更集中。

基于这个实验结果，我们在日常与孩子相处时，就可以通过延迟满足的方法锻炼孩子的自控力，培养他们的注意力、抗压力等优秀品质。下面这位妈妈的做法就比较值得借鉴。

5岁的女儿想吃蛋糕，妈妈并没有马上满足她，而是先让女儿等一等。但是，她也不是毫无理由地让女儿等待，而是顺势提出了条件，比如："假如你能多等两个小时，妈妈就能做出一个更漂亮的蛋糕给你吃。""如果你能多等两天，妈妈就可以再买一杯果汁给你喝。"这样延迟几小时甚至几天后，妈妈再满足女儿的要求，同时也会兑现自己的承诺。

因为有了更美好的期待，女儿在得到自己想要的东西时会非常开心，同时也会很珍惜。通过这种训练，女儿的自控力就比同龄孩子的更好，比如有些孩子在上课时忍不住吃零食，而她总能忍到下课后再吃，将更多的注意力放在听课上。

可能有些父母觉得，这些都是微不足道的小事。孩子想吃蛋糕就马上给他，有什么必要等几个小时甚至几天呢？殊不知，就是通过这一件件小事，孩子的自控力才能慢慢提高。你要知道，那些能够长期专注于一件事的孩子，可能正是从当初没有立即吃到想吃的蛋糕、没有立即拿到想玩的玩具开始的。

为什么说延迟满足的能力与自控力有关呢？

举例来说，当孩子意识到相比于此刻吃零食而言，听课更重要时，他就会克制自己对零食的欲望，专注听课。所以孩子在延迟满足的过程中，自控力也在不声不响地得到训练和提升。当孩子能够看到更长远的目标时，在前行的道路上，即使遇到困难和挫折，他也会自己寻找解决问题的方法，最终达成目标。

父母对孩子进行延迟满足训练，可以从日常生活的点滴入手，比如当孩子在商场看到新玩具，吵着要买时，不要马上拒绝，但也不能马上满足，而是引导孩子延迟自己的要求："等你过生日的时候，爸爸就会给你买下来。""如果期中考试考出好成绩，这个就可以作为你的奖励。"

同样，当孩子在学习上遇到困难，向父母求助时，我们也不要马上告诉他答案，而是鼓励他自己先好好思考一下。这样孩子就能更加专注地寻找解决问题的方法。当然，如果孩子实在不会，我们也要给予适当的指导。

通过这些方法，孩子就会慢慢懂得，任何东西都不是一要就能马上得到的，而是需要等待，需要控制自己的欲望，在达到一定要求或完成一定任务时才可能得到满足。

不过，在训练孩子延迟满足的能力时，我们也要注意下面两个问题。

训练延迟满足时要循序渐进

有些父母急于提高孩子的自控力，在对孩子进行延迟满足训练时操之过急，这是不行的。做任何事都要循序渐进，对孩子的延迟满足训练也是如此。你不能一开始就让孩子等一个小时、一天，而是先从1分钟、5分钟开始，然后再一点点地增加延迟满足的时间，如增加到10分钟、20分钟、半小时……这样逐渐延迟孩子的满足时间，慢慢地锻炼孩子的自我控制能力。

不要对等待中的孩子过分关注

在鼓励孩子等待的过程中，不要给予孩子太多关注，否则，当孩子发现父母对自己特别关注时，就可能利用撒泼哭闹等方式来要挟父母，导致延迟满足训练失败。

如果孩子在等待的过程中感到很无聊、很烦躁，我们就要运用一些小技巧、小游戏等，把孩子等待的过程变得有趣些。比如，跟孩子玩过家家游戏、玩“石头剪刀布”，或者跟孩子一起读一本书等，分散孩子的注意力，让其把专注力放在眼前的游戏或读书上面。

米歇尔曾经提出一种帮助孩子抵御诱惑、分散注意力的小游戏——想象力游戏。怎么想象呢？就是把眼前要得到的东西想象成不想得到的东西，比如把眼前充满诱惑的棉花糖想象成石头，这就能帮孩子克服“下一秒就把棉花糖吃掉”的念头。

当孩子耐心地度过了延迟时间，最终拿到自己想要的东西时，我们还要表扬一下孩子，对孩子能够控制自己的行为给予肯定，如：“你今天等了20分钟哦，真的很棒！”以此强化孩子的意志力。

最后还有一点要注意，延迟满足对于提升孩子的自控力并非万能，也不适用于所有孩子。比如，1992年，米歇尔的研究小组在研究报告中指出，5岁似乎是延迟满足训练的一条分界线，而4岁以下的孩子是不具备延迟满足能力的。研究小组通过对更多孩子的研究还发现，8~13岁的孩子才能较好地发展延迟满足能力。

另外，主动延迟与被动延迟对孩子来说差异也很大。如果孩子认为自己能够主动掌控延迟进程，比如等待的时间由他自己决定，那么他主动延迟的时间就会更长；相反，如果孩子认为自己在被大人掌控，自己只能乖乖遵守，没有话语权，那延迟时间就会大大缩短。

因此，对孩子进行延迟满足训练不能一概而论，延迟满足对于孩子自控力水平的提升也不是绝对的，父母要结合孩子的实际情况进行。

用好习惯替代自控力

我们非常注重好习惯的养成，因为习惯会成为支配生活的一种力量。

从学术概念上说，习惯就是一种稳定、带有自动化的长期的行为方式。用心理学的术语来讲，习惯是刺激和反应之间稳固的联结。举个例子，对于经常使用手机的人来说，一天之内会无数次看手机，即使不接电话或处理要紧的事，每过一会儿也会不由自主地看，这就是习惯。

根据美国南加州大学心理学教授温迪·伍德（Wendy Wood）的统计，在一天里，我们大约有 40% 的行为都属于习惯性动作。这些习惯性动作犹如一个个小模块一样，相互拼接在一起。而当我们养成某些习惯之后再去做一些事，就觉得一切都自然而然，不需要花费很多精力。站在心理学的角度来说，这就相当于节省了很多的自我控制资源。所以，养成好习惯可以帮助我们把对自己有益的事情坚持下来，有效地提升自控力。良好的习惯对人的终身发展也具有重大的作用与意义。实际上，生活中每一个行为的发生，都会刺激我们的大脑产生一个电波。而当一个习惯形成后，大脑中的神经元之间就会形成一条通道，并且这个习惯坚持越久，需要的心理资源就越低，这个通道就越宽，传递信息的速度就会越快。

科学研究发现，习惯对于大脑的作用过程就相当于一个由三步组成的回路。

第一步，当我们要做某件事时，我们所坚持的习惯就会产生暗示，促使大脑进入某种自动行为模式，并决定采用哪种习惯。

第二步，习惯会让大脑形成惯性思维，这种惯性思维可以是身体上的，也可以是情绪上的。

第三步，奖赏，即习惯带来的“轻松就能做到某事”的益处，可以让大脑迅速识别并记下这个回路，以备将来采用。

例如，每天上午最后一节课的下课铃响起时，小明的第一个反应都是起身冲出教室，奔向食堂，因为这样他就能第一个到食堂里吃到他最喜欢的红烧肉。在这个案例中，下课铃就是发出暗示的“导火索”，由此引发的惯性行为就是小明冲出教室，奔向食堂，而奖赏则是可以吃到红烧肉。由于小明每次都这样做，久而久之就形成一种不需要思考就能行动的习惯。

当然，我们培养孩子养成好习惯并不是为了每天第一个冲进食堂吃红烧肉，而是帮助孩子在无须强迫自己的情况下，只是出于习惯就能完成一些任务。也就是说，当我们出于习惯做某些事时，就不需要消耗太多的自控力，从而降低自控力心理资源的损耗。

那么，我们怎样运用积极心理学的方法，来帮助孩子在学习和生活中养成好习惯呢？

设定小而具体的目标

很多家长都跟我反映说："孩子学习缺乏计划性，有时明明设定了学习目标，制订了学习计划，可总是完不成。"首先，这说明孩子的自控力不是很好；其次，我提醒家长，可能你们为孩子制订的目标和计划并不科学。有些家长喜欢给孩子设定一些宏大却又模糊的目标。比如希望孩子多运动，这个"多运动"就很宏大、很模糊。怎样运动才算"多"？没有具体的量，孩子就不知道自己怎么做才算是"多运动"，怎么做又不算是"多运动"，自然也就无从下手。就算是完成目标的过程能提升自控力，但目标完不成，又何谈自控力的提升呢？

为了避免发生这种情况，我们在给孩子设定目标时，就要把目标具体化到可以操作、可以观察和验证、可以形成习惯的行动上来。比如，我们可以跟孩子说："从今天开始，我希望你每天跑步五公里。""我希望你每天能跳绳 300 个。"当面对这些小而具体的任务时，孩子就会更有目标感，在进行任务时也会不断地鼓励自己，促使自己完成任务。只有在这样的过程中，孩子的自控力才能在不知不觉间获得提升。

制订具体的行动计划表

比起口头要求，把行动计划写下来，往往能强化孩子对即将完成的任务的认知。所以，与其每天为了同一件事不断催促孩子，不如跟孩子一起制订一份具体的行动计划表，列出每天什么时间写作业、什么时间看电视、什么时间进行户外活动等。最好让孩子自己写下每天需要完成的任务，然后对照计划表一步一步实施。这就让任务变得更加切实可行。

为了激发孩子对制订计划表及执行计划的兴趣，我们可以鼓励他们想象一下目标达成后自己的收获，比如可以让身体更健康、可以让自己做题速度加快、可以获得老师的表扬等。接着，再引导孩子思考一下，如果在完成任务的过程中遇到困难或障碍，自己要怎么克服，并让孩子写出应对方法。比如，为了让身体更好，孩子计划每天坚持跑步半小时，但如果下雨，就在家做半小时的俯卧撑和仰卧起坐。

努力排除外界的干扰

我在处理重要的工作时，通常会把手机调成静音，或者放在看不到的位置，目的是不让手机干扰到工作。孩子在学习或做事时，更需要一个相对安静的环境，这样他们才能专注眼前的事。比如，在孩子学习时关掉家里的电视机、电脑等视听设备。

另外，在做一件事前制造一种仪式感也很重要，如在临睡前把第二天要穿的衣服准备好，放在床头，这样第二天起来后就不用再花费精力找衣服。这些准备工作能帮助孩子节省精力资源，从而更加专注于要做的事。

找到行动的支持者

任何行动都贵在坚持，而孩子兴趣广泛，明明是自己制订的计划表，也可能是三分钟热度，坚持不了几天就放弃了。作为后援团的家长，需要一开始就为孩子的行动计划找到支持者。这些支持者可以是孩子班上的同学，也可以是小区里同龄的孩子，甚至是课外班里认识的新朋友，或者主动加入的跑步圈、英语口语圈、读书圈里的其他小朋友等。只要大家有共同的愿望，希望一起行动、进步，就可以成为孩子行动的支持者。

通常来说，一种新行为只要坚持 60~90 天，就能形成稳定的习惯。在这个过程中，如果孩子遇到一些突发情况，不得不中断几天，但因为有支持者，大家定时打卡，互相监督，就会激发孩子战胜困难的勇气。即使中间有短暂的中断，他们也可以坚持下来。

设定视觉化的奖励形式

当孩子在完成计划时，持续地给予他们正向的反馈，可以加快习惯的养成。比如，我们可以在墙上贴一些进度小海报，每次孩子完成一个计划后，就在上面贴上一面小红旗。连续完成一段时间后，再给予孩子一个他期望的奖励，如看一场电影、吃一顿美食、玩一小时游戏等。

对于孩子来说，这种视觉化的奖励形式与他们亲手写下的行动计划表一样，是可见、可感的。这既是对自己的提醒，也是向他人展示自己优异表现的“光荣榜”，可以极大地强化他们完成计划的动力和意志力。

总而言之，依靠父母的智慧和耐心，我们一定会想出很多方法来提升孩子的自控力，尤其是带着爱、鼓励、支持和关怀等精神及物质上的奖励，往往能更有效地抵消自我控制资源的消耗，从而让一个从开始厌倦做某事的孩子，逐渐成为能够坚持行动，并具有意志力和积极心态的人。

意志力：从被动到主动的自控

如果说自控力所代表的情况对人们来说是被动应对，那么意志力所代表的就是人们更加主动地去面对，可以说意志力是自控力的升级版。沃尔特·米歇尔在对人的自控力进行研究时，发现意志力控制系统有两种模型。他将其中一种称为热系统，位于大脑边缘系统附近，是人脑最原始的部分，主导即时满足的情绪。一旦身边有诱惑出现，这个系统就会被激活，人就会变得急躁，只想马上获得满足，根本不会考虑后果。而另一种为冷系统，它的区域位于大脑前额叶，主导延迟满足的自我控制能力，因此它是理性、自律的。

即使有诱惑出现，它也会为了更长远的利益考虑而控制自己。这两个控制系统的关系既相互协调又相互抑制。

著名作家简·麦戈尼格尔（Jane McGonigal）在他的《游戏改变世界》一书中说，相比于游戏，工作和学习就是我们最不想面对的破碎的现实，因为游戏几乎能激起我们所有的内心需要：成就感、胜任感、荣誉感、归属感……所有我们在现实中渴望却难以满足的欲望，都可以从游戏中获得。所以在现实生活中，很多网络游戏成瘾的人是很难打起精神专注于学习或工作的，因为游戏比学习或工作好玩太多，而它们又是唾手可得的。

上面这段话形象而科学地解释了现在很多家长的困扰：为什么孩子玩电子游戏可以玩一天，而学习 10 分钟就感到烦躁。它反映的就是意志力的冷系统与热系统对我们的巨大影响。当网络游戏出现时，诱惑就出现了，这时孩子的热系统就会被激活，因此他想马上玩游戏，甚至为此逃课。在这种情况下，孩子的自控力就会被消耗到游戏上，根本没有多余的自控力专注地学习、工作。

但是，还有一些孩子同时调动起冷系统，冷系统的理性和自律会促使孩子对充满诱惑的游戏说“不”，或者“等我完成该做的事后再玩”。虽然这些孩子也很想玩游戏，但因为冷系统的启动，他们会通过延迟满足的方式很好地控制自己即刻的欲望与冲动，让自己先去完成眼下的学习、工作或其他更重要的事。

因此，如果一个人想提升自控力，就要通过抑制意志力热系统的启动，或者激发并强化冷系统启动的方式进行。接下来我们就看看，有哪些好方法可以达到这两个目的。

降低意志力的热系统启动

所谓降低意志力的热系统启动，其实就是让孩子远离各种诱惑，弱化情绪反应。比如在前面的棉花糖实验中，如果我们把棉花糖放入盒子，或者用画有棉花糖的画来代替真的棉花糖，再或者只是将棉花糖从桌上移到桌下，这些小小的转变都能降低孩子的情绪反应，让孩子愿意等待。

奥斯卡 · 王尔德（Oscar Wilde）曾经开玩笑说："我能够抵御任何诱惑，除了诱惑本身。"所以在生活中，要抑制热系统的启动，就要远离身边的各种诱惑，尤其要避免那些过于令我们分心、分神或干扰注意力的事物出现在我们身边。

对于孩子来说，这一点更要注意，因为孩子的自控力相对大人来说更低，有时可能更容易被诱惑和干扰。所以，如果想让孩子在学习或做重要的事时不分心、不分神，就尽量让孩子远离那些可能会诱惑、干扰到他们的事物，降低意志力热系统的启动，从而让他们利用更多的自我控制资源做更重要的事。

当然，这不是说我们一定要为孩子创设一个绝对安静或整洁的环境，因为这样的环境对孩子来说也是一种压抑，甚至会营造出一种紧张的气氛，反而不利于孩子学习或做事。通常我们只需要让孩子所处的环境有良好的光线、清新的空气、舒适的桌椅等即可，从而营造出一种让孩子感到自然、放松的生活和学习环境，不会引起孩子较大的情绪变化，这样他们在学习和做事时也更容易集中精力。

激发并强化冷系统启动

在激发意志力的冷系统方面，我建议最好多让孩子积极参加各种体育锻炼。体育锻炼练的不仅是身体，还包括我们的意志力。因为人在进行体育锻炼时，既要挑战生理极限，也要挑战心理极限，这种不断的刺激会增加机体的适应能力。在适应之后，人的心理控制能力自然而然地就会获得提升。

清华大学有个口号，叫作“无体育，不清华”。这个口号是由著名教育家马约翰在 20 世纪 30 年代提出来的。为什么他认为“无体育，不清华”呢？因为他发现，那些优秀的人才能为祖国工作几十年，靠的就是坚强的意志力，这种意志力也使他们能做到别人做不了的事，完成别人完成不了的任务，而体育是锻炼意志力的最好方式之一。

但有一点要注意，在鼓励孩子进行以提高自控力为目的的体育锻炼时，我们还要注意孩子锻炼的强度与持续性，不能只是简单地放松一下或者三分钟热度。首先，要让孩子选择强度适中的运动项目，如跑步、跳绳、踢球等。其次，要鼓励孩子坚持下去，养成习惯，不能三天打鱼，两天晒网，这是没什么效果的。为了增强孩子的积极性，我们还可以鼓励孩子加入学校的运动社团，参加社团比赛。这样孩子在进行一些有挑战和竞争的锻炼时，目标也会更明确。这样不仅有利于提高他们的意志力和自控力，还有利于培养他们坚忍不拔的精神，对孩子积极人品的发展极有帮助。

| 家庭游戏创设 |

自我管理小日历

和孩子一起画一张当月的个性日历，再买一个小印章，从现在起，引导孩子自我管理。

每次孩子写作业时，先引导孩子用定时器设置一个时间。如果孩子在规定的时间内完成作业，就让孩子在当天的个性日历里盖一个印章，证明自己当天顺利地完成了任务；如果没完成，就不要盖章。

到月底进行总结，如果孩子的印章数达到一定的标准，就给予孩子相应的物质或精神奖励，没有达到的话可以给予相应的惩罚。

第六章

天赋优势

激发孩子的内在潜能

我们常说这样一句话：“教育的真谛，就是让孩子做最好的自己；父母的终极使命，就是发现孩子的天赋。”这意味着，父母对孩子的教育并不是简单地灌输书本上的知识，而是要扩大孩子内心的疆界，扩展孩子的综合认知，引发孩子对世界的好奇与探索之心，并从中进行自我发现、自我探索、自我实现。父母要用一双善于发现的眼睛，来发现孩子的天赋。父母要用引导的方式来点燃孩子内心创造力的火焰，给他们更多的机会去尝试，并充分地发挥孩子的优势。

为什么我们总是放大“不足”

很多人可能都有这样的感觉，当我们特别喜欢或欣赏一个人时，一旦对方做了一件我们不喜欢的事，或者发现了对方身上有一个自己不喜欢的特点，我们对对方的印象就会发生很大变化。用一句现在流行的话来说就是：“突然发现对方哪儿哪儿都不香了！”这种情况在心理学上被称为“负面信息加工优势效应”。

负面信息加工优势效应是指人们倾向于注意、学习和提取负面信息，也被称为负面偏见。也就是说，相比于非负面信息，我们常常对负面信息更加敏感。这种负面偏见广泛存在于人们的认知中，比如，我们更容易被负面信息吸引注意力，并花时间对其进行推理，回忆起不愉快或是有创伤性的事件等。研究发现，在世界范围内，人们都对负面新闻更加敏感和关注。因此，“无负面不新闻”成为媒体行业的法则，这便是负面偏见的典型生活化例子。进化心理学的理论认为，负面偏见是一种适应性的进化功能。几千年前，我们的祖先常常面临环境的直接威胁，而对负面刺激的偏向性关注，有助于避开威胁生命的刺激。随着人类社会的发展和进步，负面偏见可能在某些情景下仍然是有助益的，但也存在消极影响。例如，积极心理学倡导人们更多地发现和运用与生俱来的优势品质，而负面偏见的存在可能会让人们更多地关注缺点，这在一定程度上阻碍了对自己和他人的长处的关注和发展。

反思“谦虚式教育”

在教育孩子时，不少父母的言行都会反映这种负面偏见的心理特性。比如，当孩子出现一些问题，父母不知道该如何与孩子沟通时，就会把注意力放到孩子某个明显的缺点或曾经的错误上，进行指责批评，还用“翻旧账”的方式刺激孩子。例如，有些父母就特别习惯在孩子犯错、调皮、表现不好时，对孩子进行言语攻击——“什么都做不好，就知道吃”“连这都做不好，以后还能干什么”“你什么都不是”“你真给我丢人”“是个人就比你强”“你笨得像头猪”……这是典型的父母控制不了自己的情绪、在教育孩子上无能的表现，只能靠动用父母的权威肆意羞辱孩子。

还有些父母亲特别喜欢“人前教子”，动不动就在长辈面前或朋友家中，甚至是在大庭广众之下教训孩子、批评孩子。这些父母可能是想用这种方式让孩子为自己的错误或不够优秀的表现感到羞愧而自省，从而改正自己的行为。但这种做法明显不对。从某种程度上来说，这类家长与其说是在教育孩子，倒不如说是在别人面前满足自己的存在感、控制欲与表现欲。此时孩子更像是他们满足自我存在感的一个最好的载体。

除此之外，还有另外一种“人前教子”的现象也很常见，就是哪怕孩子没做错什么，或是做得还可以，家长也要以谦虚、严格要求等名义说孩子的不好、不足。还有一些家长，即使孩子表现不错，本该表扬孩子，却十分吝惜对孩子的赞美，只是简单地说一句：“别骄傲啊，比你强的人多着呢！”

我曾经和一个学生聊天，他提起自己跟父母的沟通方式。他告诉我，他小时候特别渴望父母在他表现不错时能表扬、鼓励他一下，可他从来没得到父母积极的赞美。相反，他一直感觉自己在父母眼中不够好。虽然他一直努力成为父母眼中那个最好的自己，但却始终没能得到这种满足感。即使后来考入清华大学，父母也只是说：“你本来就能考上清华，有什么值得骄傲的？”

几年后，他已经成为博士。有一次，他在不经意间发现，其实父母一直都很在乎他，也认可他的优秀，只是怕鼓励赞美会让他骄傲自满，便故意摆出一副不满意的样子，目的是让他时时奋进。他和我说：“当我知道了这个情况后，我不仅不感激他们，反而有一种怨恨感。”

他也知道不应该怨恨父母，也理解父母那样做的目的，但无论如何都不能原谅他们对待自己的方式。

这特别符合中国传统的教子之道，即“谦虚式教育”的价值观——从小就教导孩子不要骄傲，要谦虚，即使真的很优秀，也要藏住锋芒，不可张扬。在中国的教育环境与家庭文化氛围中，这种方式太典型、太寻常了，因为我们的文化传统中就有一种被称为“满招损，谦受益”的思想。古人的这句话虽然没什么问题，但很多家长却错误地理解了这句话的本意，更忽略了这句话的语境与时代适应性。他们宁愿在一种不确定或尚未发生的状态下定义最坏的结果，美其名曰“防患于未然”，进而像这位学生的父母那样教育孩子。

但就像一位作家说过的那样：“生活本来可以很美好，为何却非要以痛苦为根呢？”我也很想问一问这类家长：“孩子本来已经很好，为什么在你们看来，他们总是这样不堪？”

当然，我们很多人都是在这种教育模式下长大的。这也是我们最熟悉的教育方式，以致我们成为父母后，根本无须思考，就可以本能地运用这种方式教育孩子。但是，我们是不是也该反思一下，这种教育方式真的好吗？它会对孩子产生哪些影响呢？

事实上，我不认同上面这种教育方式，大多数的心理学家与教育家也同样不认同。这种教育方式对孩子最直接的影响，就是导致孩子产生自卑心理。这是一种披着美德的外衣，却没有科学依据的无知教育。

著名网球运动员李娜在她的自传《独自上场》中曾提到自己的

童年经历，以及自己现在成为妈妈后所奉行的一些教育理念。

李娜说，自己童年时最常听到妈妈说的话就是："我吃的盐比你吃的米都多。""别人家的孩子都这样，你为什么不行？"诸如此类的话，让李娜很不快乐，甚至让她慢慢变得不自信，做事也优柔寡断。正是这样的童年经历，让她看到了中国式教育中的很多缺点。后来她在自己的书中也谈到了这个问题。在自己成为妈妈后，她就把自己大大小小的荣誉和奖杯都摆放在家里显眼的位置，通过这种方式告诉孩子：要看到自己的优势，有自信，才有可能成功。

不仅仅是李娜，中国式管教问题正在影响无数孩子的未来。正确的做法应该是在孩子遭遇挫折时给予理解与宽容，在孩子取得成就时不吝惜自己的赞美。错误的做法不仅会导致孩子丧失自信，还会使孩子丧失对自我的认知，丧失对价值感的探寻，让他们看不到自己的优势所在，或者就算看到，也不敢做出任何"越雷池半步"的尝试，做事时瞻前顾后，畏首畏尾，缺乏主动性和积极性，而且还会保守内敛，谨慎有余而魄力不足，面对新鲜事物、新的机会，首先唤醒的不是求知欲和挑战欲，而是自我保护和收敛。在家长眼中，他们成为"听话"和"有礼貌"的"好孩子"，却再也不是开放、勇敢与义无反顾的强者。

在传统的教育文化影响下，这种观念还被很多人奉为圭臬。我记得有一所全国知名的高中，在学校里用军事化管理的方式组织孩子学习。这所学校把考高分作为一个类军事化的任务，把孩子们变成了麻木的考试机器。不可否认的是，这所学校中每年都有大量学生考入清华、北大、复旦、人大等中国一流的高校，但他们不知道的是，这样教育出来的孩子给心理学家出了很多难题。我们真的无法认同这些“好学生”是时代的强者与未来的希望。他们中的很多人，考试确实很厉害，但对考试之外的事物冷漠麻木；他们只知道在学业上争强好胜，却不知道有一种文化叫“兼容并包”“厚德载物”；他们进入名校后，需要重新建立自己的人生观与价值观，但这项工作并非对每个学生来说都是容易的。

通过上面的案例，我们发现传统的中国式管教很容易增加孩子对负面信息的接收效应，严重忽视那些积极、正面的信息对孩子成长的影响，结果使孩子丧失很多天赋优势，变得缺乏自我意识和自信心。当然，这并不是说中国式教育就毫无可取之处，而是希望家长能够取其精华，去其糟粕，能看到孩子身上的优势所在，帮助孩子更好地发挥自己的优势效应。毕竟，未来真正能助力孩子成长和发展的，还是孩子身上的那些天赋优势，而不是缺点和不足。

关注优势更益于成长

中国有一句成语，叫“枪打出头鸟”，我相信很多家长在教育孩子时，都会把这句话说给孩子听，并且顺便“告诫”孩子：“不要骄傲，不要显摆，要低调！”“这点成绩没什么了不起，别太出风头！”

这些“告诫”其实都在有意无意地强调孩子的不足、缺点，或者是希望表现优秀的孩子能有所收敛，能有谦虚的“美德”，而这种“美德”实际上都在指向“不够好”“不值得好”“表现优秀是不对的”等心理防御习性。家长的想法是，“不够好”肯定是不理想的，但“太好了”也是有风险的，因为过于引人注目就可能被人嫉妒、算计。这种心思其实就是一种趋利避害的反映，也可以说是一种对于人生意义缺乏思考的短视。

在家长营造的这种氛围下，孩子就会习惯性地过度关注自己的不足和缺点，同时掩饰自己的优势。缺点可能会成为孩子的心理障碍，而对优势的掩饰则会降低孩子的成就感与获得感。两者合起来，孩子的存在感就会降低。一个存在感低的孩子，无论如何都难以建立强大的活力与动力。久而久之，孩子就会忘记自己的优势，即使知道一点儿，也不敢表现出来，结果就会变得越来越不自信，害怕跟他人比较，甚至陷入害怕展现自己的优势又害怕失败的两难窘境。

时代已经发生根本性的变化。如果你留意一下现在的社会环境，就会发现一个人所表现出来的优势与善意多么重要。比如，现在很多大学都有“特招生”名额，如果孩子在某方面表现得特别出色，就可能被破格录取。同时，很多企业在招聘时，也希望招到一些优势突出的员工。清华大学的一些专业的博士录取工作不再通过考试的方式进行，而是通过提交材料进行评估。如果一个学生在本科、硕士或工作期间业绩优秀、能力突出，就可以提交资料申请，如果符合导师的期望与要求，那么这个学生就可以被学校录取。这就说明，分数已不再是走向成功唯一的入场券。

如果我们能够客观、理性与科学地看待人的成长与社会的发展趋势，理解社会发展所需要的各种生存能力，你就会发现，我们会因为自己的优势、优点而获得周围人的认可和关注；同时也因为我们具备某些优势，才能获得更多的成长、进步与发展的机会。能考高分固然代表着一种学习能力，但它并不能展现一个人的人格魅力与认知魅力，更不能代表一个人的综合优势与发展潜力。在新时代的社会交往中，人与人之间、事与事之间更加讲究互惠互利、“合而不同”的原则。你能拿得出手的，一定是你的优势，是你能赢得机会与合作的基础。至于缺点和不足，那才是真正属于自己一个人的，而不是集体的。苹果公司创始人乔布斯的脾气很不好，但这并未影响他成为当代最伟大的创新者。

我在美国教书期间，就发现一个问题，有些非常优秀的北大、清华毕业生，尽管各方面都很出众，也勤劳肯干，可在职场竞争方面通常比不上一些经济发展远不如中国的国家培养出来的留学生。那些留学生虽然毕业成绩一般，能力也不一定很强，但在职场上的表现、抓住机会不断晋升的能力等，往往比华人子弟更强。

导致这一现象的原因当然很多，但很重要的一点，我认为是那些国家的留学生更擅长包装自己的优点，懂得利用自己的优势争取资源，而不是守着自己的弱点裹足不前。在这一点上，华人子弟就要差一些，尽管他们本身是非常优秀的。

总而言之，我希望家长能够摈弃一些传统教育中不恰当的方法，认识到关注孩子优势对于孩子成长的积极意义，帮助孩子构建一个发展优势的环境，鼓励孩子积极地去发挥自己的优势，勇敢地展现自己的优势。在这种教育环境和方式下，孩子的心态会越来越好，并能够不断朝着自己的优势方向发展，未来成功的概率也会大大增加。

开启孩子的优势效应

每个孩子都有自己的天赋优势，关键在于父母能否发现。可惜的是，现在很多父母只看到孩子的学习成绩，看不到或者很少能看到孩子的其他天赋，错过孩子的天赋发展。而只有发现孩子的天赋优势，并帮助孩子将其发挥到极致，孩子才更有可能在自己擅长的方面获得成功。这就是“优势效应”。

美国心理学家马丁·塞利格曼曾经说过，当他和女儿一起进行户外活动时，由于女儿爱玩爱动，在干活时总是想玩耍，他就批评了女儿的这个毛病，但女儿的回应却让他始料未及。女儿说：“您总是让我改掉这个毛病、那个毛病，可就算我真的按您的要求改掉了毛病，我最多也就是个没有缺点的孩子，我始终不能成为有优点的孩子，为什么您总是看不到我的优点呢？”

现实中应该有很多这样的父母。我们总认为帮孩子改掉缺点就是为孩子好，但孩子改了缺点又怎样？他们的天赋优势反而在成长过程中逐渐被忽视，或者被缺点掩盖了，结果孩子成了一个没有缺点却也毫无优势的普通孩子。所以，我们不要总盯着孩子的缺点不放，而要多发现孩子身上的优势。

马丁·塞利格曼和克里斯托弗·彼得森曾于2004年邀请了全世界50多位杰出的心理学家，从对人类社会影响最为广泛的哲学、宗教和文化体系中，分析出人类社会普遍认可的6大美德，然后通过心理测量的标准，遴选出与这六大美德相关联的24项优势。这24项优势不仅出现在成人身上，也出现在孩子身上。它们是普世的，是无人种与民族差别的。

人人都能具备的24项优势

这24项优势都包括哪些呢？它们都具有什么样的表现呢？

现在，我就把这24项优势中的每一项用一句话描述出来，你可以对照自己的孩子，看看他们符合其中哪些表述。

1. 智慧和知识（Wisdom & Knowledge）

孩子经常表现出超出自己年龄的快速学习的能力和智力水平，

表明他在智慧和知识方面可能更具优势。这类孩子通常有以下几种表现。

- 创造力：喜欢思考一些新的方法去解决问题。
- 好奇心：有很多兴趣爱好，对各种新奇事物充满热情。
- 思维开放：经常能看到事物的不同方面。
- 好学：喜欢学习和探索，平时喜欢阅读一些非小说类图书。
- 洞察力：理解事物更全面，别人也认为他具有超越当下年龄应有的理解程度和水平。

如果你的孩子具有以上表现，就说明孩子的优势集中在好学、洞察力、思维开放、创造力等方面。在培养孩子时，你也可以多从这几个方面去拓展他的优势。

2. 勇气（Courage）

一些家长可能会不解："勇气也算是一种优势吗？"

那我要告诉你，勇气的的确确算是一种优势。而且，勇气还是孩子心中最旺盛的一种生命力。

有勇气优势的孩子，通常会有以下几种表现。

- 勇敢：在面对强烈的反对意见时，能够捍卫自己的立场，据理力争。

- 坚韧：能够坚持完成自己的任务，从来不会在任务未完成前就放弃。
- 正直：能够获得别人的信任，别人会相信他可以保守秘密。
- 活力：经常表现得热情洋溢、活力四射，并且还会影响身边的人。

以上这些都是孩子具有勇气优势的表现，这样的孩子往往具有强大的生命力，无时无刻不在实践自己生命的价值，不轻易对现实妥协，做任何事都能勇往直前，因而也比其他孩子更容易获得成功。

3. 人道主义（Humanity）

人道主义泛指一切强调人的价值，维护人的尊严和权利的思想和理论。具有人道主义优势的人，会更有博爱之心，懂得关怀人、尊重人，一切都以人为中心。如果你发现孩子有下面这些表现，就说明孩子具有一定的人道主义优势。

- 爱：珍惜与他人的亲密关系，能够与他人做到相互关爱、分享。
- 善良：愿意帮助别人、照顾别人，喜欢做一些力所能及的善事。
- 人际智力：在社交中举止得体，能够洞悉自己和他人的情感和行为动机。

如果孩子能在上述方面有所体现，说明孩子在人际关系方面的天赋优势比较强。

4. 公正（Justice）

公正优势通常是指一个人个性正直，做事比较公正，主要表现为以下几点。

- 公民精神：能为了集体利益牺牲自己的利益。
- 公平：能以公平和公正的态度对待所有人，给予每个人相同的尊重。
- 领导力：能带动团体成员实现较好的协作，即使他们之间存在分歧。

如果你的孩子在这些方面表现优异，那么他的性格优势便集中体现在正直、公平、领导力等。这些天赋优势会让他在一些管理和领导活动中大放异彩。

5. 节制（Temperance）

这一点主要体现在孩子的自控力方面，也就是说，具有节制优势的孩子通常会有以下表现。

- 宽恕和慈悲：很少对他人产生怨恨情绪。
- 谦卑、谦逊：不认为自己比他人更特殊，待人平等，为人低调。
- 审慎：遇到事情后，总是认真思考后再发表意见。
- 自我规范：能够控制自己的饮食和情绪。

假如你的孩子有以上这几点表现，说明他是个比较有节制优势的孩子，在很多方面都可以很好地控制自己。

6. 超越（Transcendence）

超越优势是指一个人能够更好地发现美、欣赏美，并且怀抱希望、感恩，在审美方面较有天赋。一般来说，会有如下表现。

- 欣赏美：看到美好的事物时，总能触动内心深处的情愫。
- 感恩：对生活中所得到的一切都充满感激。
- 希望：总是对未来充满希望，期待新的一天到来。
- 幽默：可爱、风趣，与别人相处总是充满欢笑。
- 灵性：相对于物质生活，更关注自己精神方面的满足。

一般来说，具有以上表现的孩子会有一定的艺术创作天赋，如果能在这方面认真培养，孩子往往可以较好地发挥自己的优势，取得一定的成就。

通过了解以上 24 项优势，你是否发现自己的孩子其实并非一无是处，相反，他的身上具备很多优点呢？这些可能恰恰就是被你忽略的或不当回事的优点。

说到这里，有的家长也许会感到疑惑："就算是我的孩子具备了其中的某些优势又能怎么样呢？这些能让我的孩子未来更成功、更幸福吗？"

这要看你如何引导孩子运用自己的天赋优势。

善用我们的"三种优势"

著名心理学家阿尔弗雷德·阿德勒（Alfred Adler）指出，人类寻找并发挥自己的优势其实是与生俱来的能力和需求，这是生命意义的内在冲动所致。科学研究发现，人类一出生就开始探索生活的意义，即便脆弱如婴儿，也会用自己的方式，对自己的力量和这些力量在生活中发挥的作用进行估测。出生后前五年，孩子便形成自己专属的整套稳定的行为模式，并对"自己和世界怀有何种期待"有了概念，这种概念长久且深入。经验在被人接纳前，已经以生活意义的基础做出了解释，从而让孩子形成自己的统觉规划表。这种表单也成为他们日后观察世界、认识世界的基础。由此可以看到，在孩子幼小时，来自外部的教育刺激质量多么重要。那些戴着"有色眼镜"评判孩子的家长，在很大程度上用他们错误的认知与行为方式，漠视与刻意压制优势，极力放大错误，这会动摇孩子为自己建立意义与信心的基础。

亚里士多德认为，人至少有三种优势，值得我们利用。

1. 身体优势

身体优势指的是我们的身体资源，如面貌姣好、身体健康等，我们不能忽略这些优势的作用。长得好看，却把自己罩起来，不让别人欣赏，这是对身体优势的一种浪费。其实很多中国家长都习惯这样做，看到孩子打扮得漂漂亮亮的，就会说："学生的任务就是学习，天天打扮那么漂亮给谁看？""把工作做好就行了，天天花时间打扮自己有什么用？"这就会导致孩子不注意或不敢展现自己的身体优势。

还有些孩子不懂得保护自己的身体优势，明明身体很健康，却暴饮暴食、抽烟喝酒，粗暴地践踏自己的身体。在亚里士多德看来，这些行为都是不道德的，是没有呵护好自己的优势。

2. 知性优势

知性优势指的是一个人的智慧，也就是我们能够凭借自己的聪明才智帮助别人解决问题，或者对各类事情进行规划的优势。这样的优势要多多展现出来，只有让别人感受到，你在别人眼中才是有价值的。

我们的文化在这方面更加保守。在通常的观念里，一个人在大众中绝对不能过于优秀。对于优秀的内容，人们一定会找出某种消极的因素来对冲。谦虚是一种美德，但不符合事实情况的谦虚也是不道德的。说虚伪有些过头，但不展现自己的知性优势，从科学上来看，的确并不是一个好的方式。

3. 品格优势

品格优势也就是我们通常所说的道德、勇敢、仁慈、慷慨等优秀的品格，这也是能让别人受益、受惠的品格优势。如果说凭着一身技能可以让我们过上富足的生活，那么优秀的品格则会让我们品味真正有意义的人生。

传统的中国式管教很容易增加孩子对负面信息的接收效应，严重忽视那些积极、正面的信息对孩子成长的影响，结果使孩子丧失了很多天赋优势，变得缺乏自我意识和自信心。当然，这并不是说中国式教育就毫无可取之处，而是希望家长们能够取其精华，去其糟粕，能看到孩子身上的优势所在，帮助孩子更好地发挥自己的优势效应。毕竟，未来真正能助力孩子成长和发展的，还是孩子身上的那些天赋优势，而不是缺点和不足。

发展孩子的个性优势

曾经有一位家长跟我交流，说自己的孩子不爱学习，在学习上不愿意下功夫，却天天关注艺术、设计等“不务正业”的东西。他认为这纯属浪费时间，问我有没有什么办法，能让孩子把心思放在学习上。

我问这位家长：“为什么你认为孩子喜欢艺术、设计就是不务正业呢？”他说：“小孩子不就应该好好学习吗？关注那些东西有什么用？以后考不上大学，那些奇奇怪怪的东西又不能当饭吃。”

我相信这应该是很多中国家长对孩子各种爱好的态度。事实上，孩子所具备的天赋优势不仅仅指学习好，还包括各种兴趣、技能、能力、特点等，如能言善辩、活力四射、勇于创新、真诚、善良、平和、好奇心、同情心、勇敢、热情、公正、乐观、坚毅、慎重等。它们都属于孩子的优势。但是，大多数家长看到的都只是孩子的各种表现优势，如学习成绩好不好、听不听话、懂不懂礼貌等，却忽略了孩子的个性优势，或者对他们的其他优势视而不见。这就会错失帮助孩子利用自己的优势走向积极、乐观、坚韧的良机。其实，不管是现在，还是未来，孩子在应对生活中的各种挑战时，往往更容易发挥的是他们的个性优势，而非表现优势。

美国著名的嘻哈音乐人布莱克·艾斯（Black Ice）在很小时就得知他说话可以影响自己与他人的情绪。

“我妈妈鼓励我写出一切，就算是写得烂透了，她也会说写得不错，让我继续写下去。”他还告诉记者：“当我遇到麻烦时，当我很高兴时，甚至当我很害怕时，妈妈都告诉我可以写出来。我从来不是一个让人省心的小孩儿。当我开始喜欢小女孩时，我写信给我的朋友，我才不屑于写什么‘你喜欢我吗’。我写信的口气像一个成年人。我参加了一场诗歌分享会，想在那里遇到一个女人。那是一个‘开放麦克风’的夜晚，一只猫搞砸了现场，全场的人都在围着它献爱心。但作为一个积极寻求机会的人，我想试试自己平时在理发店里说的那些话能不能在这里产生效果，结果令我很惊讶。我完全能够释放自我，那里的人也明白我在说什么。”

就这样，艾斯从那些早期的表演逐渐走向了越来越大的舞台。他连续五季出现在HBO的谈话节目上，并且是获得“托尼奖”的《百老汇的美妙诗歌》剧组中最重要的成员之一。他还发行了自己的第一张正式唱片，并在伦敦“Live 8”音乐节上为百万人开唱。他的出现总是鼓舞人心、令人振奋，他总是在说家庭的重要性与青春的力量。为了支持他的这些理论，他还专门成立了一个“关怀运动组织”，用于帮助城市里的孩子走入正常、积极的人生轨道，同时着重发掘他们的潜在天赋。评论家热烈地称赞他的工作，观众也对此反应积极。当他站在舞台上时，人们就能感觉到他那种忘我投入的状态。

我在美国看过他的现场演出，也在HBO电视台看过他的节目。的确，艾斯是一个活力充沛的艺术家。这一切都源于他从父母那里得到的鼓舞。在一次采访时，他说：“进入这种状态源于一种使命感。我的生活充满意义，我必须写点什么去触动别人。我需要保护一种精神遗产，需要将它发扬光大。我成长在伟人之间，我的父亲、我的叔叔、我的祖父都是我的英雄。正因为如此，有些事情我绝对不能说，我不能让我的父亲在收音机里听到我的蠢事！”

在另外一个采访中，艾斯说：“我的声音就是上天给我的礼物，但如果你什么也不做，它就毫无意义。如今，我可以观察到天赋对于一个人有多么重要。我也有沮丧的时候，但是我知道自己肯定还能做点什么。我的母亲告诉我，‘我们就是我们自己’。她要她的孩子知道这一点。现在我也想让孩子们都知道这一点，让七八岁的孩子都知道。我告诉他们，‘你们一定会有所作为……没有什么需要妥协，你们一定会实现自己的理想’。”

我相信，艾斯的故事会给父母们很多启发。虽然中国与西方的社会环境相比有很多不同，但无论是什么社会，努力“做最好的自己，而不是做别人认为的最好的自己”这个道理都是一样的。作为家长，我们首先要意识到孩子的天赋优势对他来说有多么重要。其次，我们要知道怎样发现孩子的天赋优势，并让它得到充分的绽放。

总之，任何一个孩子都有属于自己的天赋优势，关键是当孩子在某一方面表现优异时，父母能否给予保护和支持，并协助孩子更好地发挥自己的优势。如果你能做到这一点，那么你的孩子将会非常幸运，他们也会在自己喜欢、擅长的领域更加投入，充满激情，甚至产生一种神圣的感觉。即使遇到困难，他们也能勇敢地去克服，而不是拖拉、退缩。这样的孩子，更容易形成积极、乐观的品格，未来取得的成就也会更大，也更容易获得幸福。

发现孩子的天赋，引导优势成长

现在社会上，普遍存在“攀比”现象：有的家长看到别的孩子在上各种兴趣班，如美术班、钢琴班、英语班等，也会跟风给自己的孩子报各种兴趣班，却不考虑这些是不是孩子喜欢的，或者孩子有没有这方面的天赋优势。在他们看来，别人家的孩子学，自己的孩子也要学，自己的孩子不能比别人家的孩子差。在生活中还有一句大家特别熟悉的话，即“孩子不能输在起跑线上”。

在这些热衷于“攀比”的父母眼中，兴趣班就是一条起跑线。别人家的孩子已经在那条起跑线上做准备，自己的孩子不能落后。于是，现在的孩子同时站在多条起跑线上，参加从“五十米跑”到“马拉松”在内几乎所有的项目，并且家长要求孩子的每一项成绩都得是优异的。事实上，这样的训练不可能培养出全能型选手，最后他只会一事无成。

人的身心投入资源都是有限的，我们必须认识到，主导投入的“自我效能感资源”的有限性与消耗原理。父母望子成龙的心情可以理解，但这种态度与方法未必能培养出优秀的孩子。因为每个孩子的个性、特长都不一样，这也使得孩子之间的兴趣爱好各不相同。我们不应为了缓解自己内心深处的焦虑与不安，让孩子跟风学习各种技能，而应理性、客观地控制自己的欲望，帮助孩子找到真正的优势，有所取舍，然后重点培养，鼓励孩子发挥自己的优势，帮助孩子在有针对性的学习中找到乐趣，释放潜能，获得一定的成就。如果有些事情对于某些孩子来说注定是不会成功的，那倒不如让孩子把更多的时间与精力投到自己既有天赋优势，又有更大机会可以成功的事情上。

为了帮助家长弄清孩子的天赋，帮助孩子发挥自己的优势，我结合积极心理学知识将孩子的行为分为四类。家长可以针对孩子的具体表现，对孩子的天赋优势进行分类，然后再有针对性地帮助孩子发挥优势。

了解孩子的四类行为

从积极心理学来说，孩子的行为可以归为四类，而这四类行为分别指向了孩子的核心优势、成长型优势、习得行为和当前劣势。

1. 核心优势

核心优势是指优于他人，能让一个人充满激情的优势。这些优势也是一个人经常运用或表现出来的特征，并且对于身边的人来说，这些优势是显而易见的。

比如，有的孩子平衡能力特别好，走平衡木比其他孩子都强；有的孩子有音乐天赋，很小就能听懂曲调；有的孩子有数学天赋，计算又快又准；有的孩子很勇敢、富有同情心；等等。这些都属于孩子的核心优势。

如果孩子在某个方面天赋颇高，并且孩子自己也想在这方面有所发展，父母只需要针对孩子的核心优势认真培养就可以了。对于一些性格天赋，如同情心、勇敢、乐观等，我们可以鼓励孩子继续保持，比如让孩子多跟人打交道，学会和各种人交往等；如果孩子遇到困难，我们也可以向孩子强调这些核心优势，鼓励孩子战胜困难，更加乐观地对待生活和学习。

2. 成长型优势

成长型优势是指能让人满怀激情的优势。具体来说，孩子可能在某一方面表现优异，但因为运用这种优势的频率不高，我们可能发现不了。其实，一旦孩子有机会发展这种优势，就会大放异彩。

比如，有的孩子平时在班级里做什么都不太积极，从不竞选班干部，班里有什么活动也不主动参与，但是某一天他忽然觉得组织同学参加活动是一件特别有趣、有意义的事，在团队中他也能找到更多的快乐和价值感，从此以后，他可能会非常主动、积极地参与班里的各种活动，从团队活动中汲取更多的力量。通过这些活动，他会逐渐发现自己的领导力优势。这其实就是一种成长型优势。这种优势可以让孩子变得更乐观、更坚定，人际关系也更融洽。

当然，要发现和鼓励孩子发挥他的成长型优势，就需要父母多用心观察孩子，多看到孩子表现得比他人或比他自己以前更好的地方，然后表达对孩子的欣赏之情。孩子有了父母的鼓励和认可，才会更愿意发挥自己的优势，展示自己的才能。

3. 习得行为

天赋优势源于一个人的内在，习得行为则需要我们从外界引入。实际上，我们大多数人的很多优势都是在学校、父母或他人的要求之下形成的，比如学习成绩、工作技能、家庭责任感等。在这种情况下，人的动机往往就是取悦别人，让自己的生活更顺利，或者获得外界的认同。简单来说，习得行为可能并不是我们喜欢或者天生擅长的，但需要我们后天学习或掌握它们。

对于孩子来说，能够充分发挥自己的天赋优势自然最好，但同时也要发展一些自己不那么喜欢或擅长的技能。比如在学校里，有些学生的专业知识和专业技能很好，可对与之相关的一些学科，他们就不那么喜欢或擅长。这显然不行，因为一个人想在某个领域有所成就，就必然涉猎相关学科的很多知识。如果不接触，就很难拓展自己喜欢的专业领域并提升自己的专业技能，也很难在自己喜欢的学科上取得突出的成绩。

习得行为是可以通过后天发展的，在父母的鼓励和引导下，孩子可以表现出不错的水平。当然，如果这不是孩子的天赋所在，即使付出再多努力，孩子也不及他运用优势时所能达到的水平。再者，由于孩子在运用习得行为时不太可能充满激情和动力，所以还需要父母不断地提醒、督促他，耐心帮助孩子培养这些新的能力。

4. 当前劣势

简单来说，当前劣势就是指孩子在当下做得不够好的方面，比如某些能力还比较弱、某些科目成绩还不理想，或者性格中某些方面比较弱，等等。每个人都有自己的优势，同样也有自己的劣势，重要的是，我们一定要让孩子正视这个事实。一些凡事都从优势出发的父母，往往看不得也接受不了孩子在某些方面的不足，总是试图让孩子变成一个十全十美的人才。为此，他们会一直关注孩子的劣势，试图运用各种办法将孩子的劣势转变为优势。

其实在我看来，这种做法于孩子的成长和性格养成并没有什么好处。与其如此，我们不如在孩子的优势方面多下功夫。英国应用积极心理学中心创始主任亚历克斯·林利（Alex Linley）说："只有在充分利用自身优势的基础上，我们才可能通过战胜自身的劣势获得成功。"彼得·德鲁克也曾经说过，那些非凡的领导者，致力于让自己的优势互联，最终让自己的劣势变得无足轻重。他还毫不避讳地指出，我们每个人"都有一大堆缺点"，如果把焦点放在优势上，劣势对我们的影响就微乎其微了。

所以，面对孩子当前的劣势，我们没必要揪住不放，只需要向孩子传递以下三条重要的信息即可。

第一，每个人都有自己的天赋优势，同样，每个人都有自己的劣势。

第二，有劣势和不足并不意味着你一无是处，恰恰相反，它说明你是个正常人。

第三，不要过度关注自己的劣势，借助你的优势慢慢战胜劣势，才更有意义。

也就是说，我们要引导孩子多看到自己身上好的一面，以积极、乐观的态度面对自己的生活和学习，从而通过充分发挥优势效应，弥补那些自己不擅长或不完美的地方。

当然，这并不是说我们要对孩子的缺点视而不见，在适宜的情况下，当然可以引导孩子采取必要的措施改正错误，完善自己，或者利用优势效应，让孩子对那些原本不太喜欢的事产生兴趣，用自己的优势来弥补劣势。

利用优势效应，把不喜欢变成喜欢

实际上，人的一生中最重要的就是做自己喜欢的事，这样才能获得幸福感和成就感。对于孩子来说同样如此。如果他们每天都要面对自己的劣势，做着自己不喜欢、不愿意做的事，那么他们的生活就毫无快乐可言，更谈不上发挥天赋优势了。

比如，大部分孩子都不喜欢做家务，不喜欢整理房间，更不要提每天刷碗了。但是，塞利格曼的家里就有三个喜欢刷碗的孩子。

那么，塞利格曼是怎样把天生讨厌做家务的孩子变成喜欢刷碗、对做家务乐此不疲的孩子的呢？答案很简单，就是利用优势效应发挥他们的优势。

塞利格曼通过观察自己的三个孩子发现，最小的儿子虽然年纪小，刷碗不熟练，但他的核心优势是最具领导力，而他的两个哥哥则具有仁爱、团队合作等优势。于是，塞利格曼就把三个孩子组成一个刷碗小组，同时任命最小的孩子为组长，鼓励他与两个哥哥商量三个人如何分工，每个人每天各完成多少工作量，等等。通过把孩子喜欢做的事和刷碗这个任务联系起来，大家的积极性就都被充分调动起来了，三个孩子每天恨不得饭没吃完就开始刷碗。

塞利格曼的方法给了我们很多启发，让我们明白如何利用优势效应，把孩子原本不喜欢做的事变成他们喜欢做、值得做的事。从故事中可以看出，善于利用优势效应来引导和教育孩子的父母采取的方法更有建设性，让孩子因自己的优势得到发挥而感到幸福。

我有一位朋友，他每次开车带孩子外出时，都会因为孩子不系安全带与孩子闹得不愉快，这让他很是头疼。后来，在对孩子进行的一次性格测试中，他发现孩子的领导力比较突出，于是他就想了个办法。在这之后，每次他们准备开车外出时，他就跟孩子商量：“现在我们要出发去公园，我和妈妈推选你来当‘乘车安全员’。每个人上车后的第一件事应该是系好安全带，但爸爸妈妈有时可能会因为接电话等忘记这件事，所以你要在第一时间监督大家。如果有人忘记系安全带，你就要及时提醒他。如果屡教不改，你还可以惩罚他。当然，在监督大家之前，你要先系好安全带，这样才能给大家做好表率。”

听了爸爸的话，孩子一下子就开心起来，赶紧点头，表示愿意担任“乘车安全员”。上车后，他果然第一时间系好安全带，然后开始履行监督职责，看了看开车的爸爸，又看了看坐在旁边的妈妈，发现大家都系好安全带后，才满意地宣布：“我们可以出发了。”

当然，有时为了配合孩子，让他更有成就感和做事的动力，我这位朋友还会故意忘记系安全带。等到孩子发现后，他再表示抱歉，并做出积极配合的姿态，愿意接受处罚。有时，他在发动汽车前还会征求孩子的意见：“安全员，现在我们可以出发了吗？”孩子点头后，他再发动汽车。看到自己的工作这么有价值，孩子非常开心，工作也更卖力了。

总而言之，作为父母，你越擅长从孩子的优势出发，就越容易处理孩子那些未能充分发挥优势或者凸显劣势的问题，而孩子也会在这个过程中慢慢懂得，自己其实还有很多优势可以发挥。这样一来，孩子的自信心和做事的动力就会得到增强，孩子也能从中获得很大的成就感。以后再面临类似的问题，孩子会尝试运用自己的优势摆脱困境，积极进取。

用“补强法则”培养更多优势

全球知名的民意测验与商业咨询公司盖洛普公司曾经对51家公司、10885支团队、308798名员工进行了长达3年的追踪研究。结果发现，那些能够发挥自身性格优势的员工，在争取顾客方面表现得更好，工作效率比其他员工高44%，生产力比其他员工高38%。那些善于发现及运用下属性格优势的经理，成功率高达86%。这一结果是建立在对2000多名经理的优势调查基础之上的。

通过这一调查数据，我们可以看出，有时费尽心机地弥补短板，不如尽量发挥自己的优势。当然，我们提倡发挥优势，并不是说对劣势置之不理，而是说通过发挥自身的性格优势来弥补自身的劣势和不足。一个人在发挥自己的优势时会更专注，也更有掌控感，所以也会做得更好。相反，当一个人被迫在自己的劣势领域做事时，就很难有全身心投入的感觉，结果也会大打折扣。

对于孩子来说，如果未来他们能在工作和生活中充分发挥自己的优势，让优势匹配自己的事业，那么他们也能活得更开心，收入水平也会更高，从工作中收获的成就感也会更大。很显然，这样的孩子也更容易获得幸福感。

既然如此，我们如何帮助孩子发挥优势，或者说如何帮他们培养优势，使他们的优势进一步发展呢？

通常来说，我们可以对照前文中的24种优势，或者通过心理测试来了解孩子的优势，然后有针对性地去培养。同时，我在这里再推荐两种更简单的方法，希望对家长朋友有所帮助。

引导孩子讲“最好的我”的故事

什么是“最好的我”？这是积极心理学的一种干预方法，也叫积极的自我介绍。它是通过孩子不断地参与演说、表达和介绍自己的优点，来帮助孩子找到自身优势，同时对自己产生强烈的肯定和明确的认知，从而让他人感受到孩子所具备的优势与魅力。这要比简单地说一下自己的履历、学位、学历等更加形象鲜明、重点突出，同时也更容易打动人心。直接告诉他人自己考试成绩是多少，并不一定会引起对方的注意，但讲一个关于自己优势的故事，反而会让人印象深刻。

对于谦逊的中国人来说，要讲一个关于自己优势的故事，可能会被认为是骄傲自满、自吹自擂。其实，从心理学角度来说，用正确的方法说出自己的故事，目的不是让我们自己感觉良好，而是让我们能够有意识地纠正自己对负面信息加工的偏差。

提出“优势教育”的积极心理学家克里斯托弗·彼得森就讲过一个他“积极自我介绍”的故事。他是这样讲的：

“我在另外一所大学里的一个朋友，要开始教授一门新的课程。在备课过程中，他发现学校图书馆里没有任何与课程相关的电影或影视资料。在课堂上播放这类贴近生活的视频资料大有益处。那么，面对这种情况，他是怎么做的呢？

“我所在的学校里有很多视频资料，于是我帮助了他。我到图书馆查找了很多与课程内容有关的录像带，还买了空白录像带，又向一个在密歇根大学工作的同事说明了来意，借了实验室的拷贝机。同事允许我借用一节课的时间，于是我就坐下来拷贝录影带，一坐就是4个小时。

“每隔一段时间，那位同事就会走过来，看我是否还坐在那里。最后，他终于忍不住对我说，‘这么多怎么可能做得完，你为什么不让你的学生替你做这个呢？毕竟你的朋友也不会知道，是不是你亲自做的’。‘确实，’我说，‘但是我自己知道。’

“这是我最棒的时刻，我为自己的行为感到自豪。注意，我并不是每一天都是这样，没有人会把我当作特蕾莎修女，但这是很不错的一天。当然，也确实有些枯燥无聊。如果按错了按钮，前功尽弃，我也会特别沮丧。不过，那确实是非常美好的一天。”

在这个故事里，我们看到了彼得森的善良和毅力。这就是一个“最好的我”的故事，有人物，有场景，有细节，讲述者无须进行主动评价、总结，听众就能强烈地感受到讲述者的优势。

实际上，很多外国孩子都特别擅长讲这样的故事，没有炫耀，没有宣传，但讲完故事后，我们当即发现这是个具有优点的孩子。对此，我们完全可以借鉴一下，引导孩子学习一些技巧来“包装”自己。我们不要求孩子拿出什么数据，也不需要拿出多好的成绩，只是通过讲述他们为人处世的故事，把自己的品德优势展现出来。这是培养优势的一个重要方法和技巧。

那么，我们怎样引导孩子发现并说出自己的优势故事呢？

最好的办法就是找个固定的时间，所有家庭成员坐在一起，互相分享彼此的优势。

首先由父母带头，告诉孩子，你总结出来的每位家庭成员的标志性优势是什么，是通过什么故事和行为表现出来的。然后再由孩子来介绍，在他心目中，每位家庭成员的标志性优势是什么。同时鼓励孩子说一说，他是基于哪些故事或具体行为得出这个结论的。

其次，对比一下你的感受与孩子的体验是不是相同。如果出现了偏差，再和孩子一起分析一下，是什么原因导致认知偏差，从而引导孩子关注在生活中如何以正确的方式向周围的人展现自己的优势。

接下来，你就可以鼓励孩子说出自己的优势故事。故事内容不用太多，只需要围绕自我感觉最好、最想与别人分享的一两个优势，寻找与之对应的故事，再用自己的语言表达出来即可。在孩子表达时，我们不要着急评判，可以不时地以点头、微笑等来回应孩子。在孩子讲完后，我们可以适当地进行补充、引导，让孩子在积极愉快的氛围中感受到发挥优势给自己带来的成就感和满足感。

现在，很多大学在开学时，都会要求学生做一个自我陈述，讲讲自己的优势是什么。换句话说，如果从现在开始就训练孩子积极地讲述自己的优势故事，那么未来在他上大学、进入社会后，就会更加自信、更加自如地讲述关于自己的优势故事。这种教育方式其实就是运用“补强法则”强化孩子的优势，帮助孩子建立自信心，增加孩子的优越感，同时也是促进孩子在未来更好地展现自我、适应社会的一种有效策略。

更换场景，帮助孩子拓展自己的优势

优势的运用并不局限于某个具体的领域，而是具有可迁移的辐射效应。找到自己的核心优势后，不断地把它扩展到新的领域，找到运用它的新途径，往往能让我们各方面都表现得更加得心应手。

比如，孩子的优势是想象力丰富、聪明好学、创造力突出，那么他不仅会在学习上取得很好的成绩，在日常生活中也会收获

第七章

专注力

让孩子在投入中体会幸福

专注力是孩子学习知识和技能、取得好成绩的重要原因之一。一个具有较强专注力的孩子，不仅能在各种情况下很好地发挥自己的潜力，把事情做到最好，在面对困难时也更积极、更乐观，相信凭借自己的专心致志和坚持不懈可以战胜困难。具有这种能力的孩子，他未来的人生也一定会非常丰富多彩。

专注力是有限资源

人类认识世界的一切信息与智慧，都是通过专注力获得的。作为大脑进行感知、思维、记忆、逻辑判断等所有认识活动的基本条件，专注力可谓是一切认识的基础。

如今，互联网上充斥着各种各样的建议，教给我们和孩子如何在面对大量干扰因素时集中注意力，但其中的很多方法要么根本不切实际，要么过于强调专注力的练习，消耗了孩子大量的认知资源和心理能量，反而影响了孩子的专注力。事实上，过量的信息对于教育来说产生的反而是负面影响。尤其对于本来就不善于分辨的家长来说，太多的信息只会让他们感到焦虑和困惑，不知道到底如何才能提高孩子的专注力。

不断被消耗的专注力

仔仔是一个两岁多的小男孩。有一段时间，他特别喜欢恶作剧，要么爬到米桶里翻米粒玩，弄得满地都是；要么就是端一杯水，倒入面粉，然后用手抓来抓去，弄得到处都是白花花的面粉和面糊……

仔仔的爷爷奶奶完全受不了，每当发现仔仔又要玩米玩面时，就马上阻止仔仔，把东西都藏起来，还说：“有那么多玩具，非得玩这玩意儿，太浪费了！”仔仔的活动被打断，气得哇哇大哭。

仔仔的妈妈不同意爷爷奶奶的做法。她听一位教育专家讲过，这个时期的孩子玩米面是很正常的事，说明孩子对像米粒这类细腻的物品，或者像面粉这种能变形的东西具有浓厚的兴趣。此时最好的做法就是让孩子玩，不去打扰他，这样对于培养孩子的专注力特别有帮助，但爷爷奶奶根本听不进去。为此，仔仔的妈妈和爷爷奶奶当着仔仔的面都不知争执了多少次……

这个案例就体现出了家庭教育当中的一个问题，即孩子在做一件事情的时候，我们能不能凭借大人的好恶来打断他们的行为。

这个问题对于早期儿童教育来说是特别需要注意的，虽然不正确的教养方式不足以犯下致命的错误，但在培养孩子专注力上面却会造成极大的伤害。事实上，在诸多儿童早期关键素养中，专注力是最容易被家长破坏的。很多家长无意识的、不恰当的干预行为或者不同的教育理念等，都会导致孩子的专注力难以集中。孩子长大后，做事也容易半途而废，这时家长又会责怪孩子，殊不知真正的罪魁祸首恰恰是家长。

此外，还有一些家长容易相信网络上的一些培养专注力的方法，甚至每个方法都想试一试，这同样会让孩子在面对大量的干扰因素时难以集中注意力。过于频繁地变换教养方式本身就会消耗孩子大量的认知资源和心理能量，不利于孩子专注力的养成。更重要的是，家长根本无法意识到那些建议与心理学家发现的人类专注力的运作方式实际上没有多大关系，有些甚至还违背了人类大脑运作的自然规律。我们强调的是人类大脑的注意特性，以及积极心理学的教养原则。所以，教育孩子不能靠感觉，而要靠真正的科学教养原则。

那么，心理学家是如何认识人类的专注力的呢？

无意视盲

1999 年，哈佛大学的一位年轻的教授丹尼尔·西蒙斯（Daniel Simons）在给学生上关于心理学研究方法的课程时与他的课程助教克里斯托弗·查布利斯（Christopher Chabris）一起合作，做了心理学史上的一个非常著名且有趣的实验——“看不见的大猩猩”。这个实验后来还获得了 2004 年心理学界的“搞笑诺贝尔奖”。现在，几乎所有心理学教材都会提到这个实验。

这个实验是这样做的。

西蒙斯和他的助教利用哈佛大学心理学系的教学大楼制作了一个简短的电影。在影片中，有两队学生穿着不同颜色的球衣，其中一队穿着白色球衣，另一队穿着黑色球衣。两队学生都在不停地移动，互相传接篮球。

影片录制完成以后，西蒙斯便将它播放给志愿者观看，让他们计算身穿白色球衣队员传球的次数，同时完全忽略穿黑色球衣队员的传球次数，并且无论是空中传球还是接地传球，都被算作传球。影片持续不到一分钟。播放结束后，两位心理学家立即询问前来参加试验的志愿者，视频里三位穿白色球衣的学生到底传了几次篮球。

实际上，正确答案是多少次并不重要。两位心理学家之所以要求志愿者记住传球的次数，是想把他们的注意力集中到屏幕上，而不是考查他们的计数能力。这个实验的“玄机”在于，在影片中间，除了穿白色与黑色球衣的学生外，他们还安排了一个伪装成大猩猩的人，让他在人群中间走过并稍微停顿，模仿大猩猩对着镜头敲打自己的胸膛，然后走开。整个过程在屏幕上不超过9秒钟。心理学家询问了志愿者一连串的问题，如：“在你为传球计数的时候，看到什么与众不同的东西了吗？”“除了学生，你还看到了什么？”“你看到了其他人吗？”“有没有看到大猩猩？”“有没有看到选手退场？”“背景有什么变化？”等。

有趣的是，在这项实验中，大约有一半的人没有看到大猩猩。但是，当他们重新观看录像后，或是在没有计数任务时，却轻而易举地发现了人群中的大猩猩。很多志愿者都惊讶地表示：“这么明显的大猩猩，之前我怎么没看到啊！”这是因为当人集中注意力数传球次数的时候，很容易忽视其他事情。

后来，NBC（美国全国广播公司）、BBC（英国广播公司）等著名电视频道都重复了这个实验。实验结果显示，有些参与实验者甚至不承认影片中出现过大猩猩。他们认为两次观看的视频根本就不是同一个版本。这个实验在不同的国家、不同的人群中间重复了无数次，结果基本一致。那些参与实验的人，有一半都没有发现人群中出现的大猩猩。这个实验说明，人类在注意力方面存在一定的局限。

到底是什么原因导致这么多人看不见大猩猩呢？其实这是一个直觉错误的范例。在心理学领域，我们称之为无意视盲。也就是说，它是一种视盲现象，虽然大猩猩在人群中非常明显，而且停留时间也足够长，但由于人存在一种无意视盲，所以对其视而不见。真正的视盲是视觉系统存在一些物理性损伤。实验中的人之所以出现视盲，完全是因为他们把全部的视觉注意力都集中在了自己认为重要的事情上，比如数传球次数，结果忽视了那些他们不需要看的东西，尽管这些东西非常明显。

注意力系统的启动

人经常会产生这种视而不见，或者叫一叶障目的行为。这主要是因为我们经常需要一心一意地关注那些自以为最重要的事情，目标很明确，所以对自己期待看到的事物非常敏感，自动忽略了那些不重要或不需要关注的事物。导致这一现象产生的原因并不是我们的专注力出现了问题。相反，从进化的角度来讲，这种现象具有一定竞争优势。比如当我们感到饥饿时，发现食物的能力就很强；口渴时，我们会在一堆东西中迅速找到水；很多人开车时还会注意到大街上的车有很多跟自己的车是同款……这些都是因为我们的大脑已经准备好要解决一个特定问题，于是不自觉地过滤掉各种让我们分心的事物。

1995 年，伦敦大学学院心理学家尼利·拉维（Nilli Lavie）提出“负荷理论”（Load Theory）。她认为，人类的大脑在任意时间内所能处理的外界信息都是有限的——一旦这些处理“槽”被填满，大脑就会启动注意力系统来决定应该先关注哪些事情。这样一来，当我们对某个事物投入过多的注意力后，留给其他事物的注意力资源就会相对减少。所以，要提升专注力，就必须训练我们的调控系统，同时也要训练分配注意力的能力。

由此可见，很多时候我们说孩子的专注力差，其内在原因并不是孩子不专注，只是因为他们选择注意了那些他们觉得更有趣、更抓眼球的事情而已。这并不是一个让家长多么抓狂的问题。事实上，判断一个孩子是否专注力出了问题，不用非从他在学习或课堂上是否分神得出结论，而要看他是否能在某一个感兴趣的内容上长时间保持专注。如果可以长期关注某件事，那么这个孩子的专注力机制完全没问题，他只是对课堂没那么感兴趣罢了。这不是专注力的问题，而是心理偏好的问题。科学家证明，如果我们对所有事物都保持关注，不仅很可能一事无成，还可能引发一些意外事故。比如开车时，我们肯定要留意路面上的汽车和行人，而对道路两旁的风景视若无睹。一旦全部关注，就可能酿成交通事故。

在专注中享受巅峰体验

生活中充斥着各种各样的信息，每天一睁开眼睛，我们就会毫无防备地跌入一片信息的汪洋，难以专注于一件事，时间和精神能量都变得支离破碎。

一项盖洛普世界民意调查显示，在中国职场中，仅有6%的人表示对工作很投入，而美国职员全情投入工作的人数不到30%。加州大学欧文分校的格洛里亚·马克（Gloria Mark）教授研究发现，在平时的工作中，人们平均每3分零5秒就会被打断一次，但要重新进入工作状态，却需要25分钟左右。

这种情况在儿童和青少年身上体现得淋漓尽致，现在许多孩子被诊断患有注意力缺陷多动障碍，学习时注意力不集中，经常走神或发呆，让父母非常着急。

说起专注力，我们先熟悉一个概念——福流。马丁·塞利格曼在《持续的幸福》一书中提及，投入与福流有关。其中“投入”指的就是专注力，即个体完全沉浸于一项吸引人的活动，自我意识消失，时间也仿佛停止了。我们形容某个人做事特别专注、全神贯注时，就会说他非常投入。这种状态不仅能给人带来兴奋感，还会带来极高的效率和成就感。

“福流”这个概念最早是由美国心理学家米哈里·契克森米哈赖（Mihaly Csikszentmihalyi）于20世纪六七十年代提出。当时，契克森米哈赖在研究中观察那些画家、棋手、攀岩者以及作曲家等在相关领域有杰出成就的人，结果发现，这些人往往可以全神贯注地投入他们的工作或活动，时常忘记时间，有时甚至根本感觉不到时间的流逝。他们的注意力非常集中，对身边发生的事缺少感知，不容易受到周围事物的干扰。

所以，“福流”就被定义为一种最佳的投入状态，一种高度专注、浑然忘我的巅峰体验。在这种状态下，一个人不会觉得他在面临挑战时不能充分发挥他的技能，也不会觉得这些挑战超出了他的能力，他有清晰且可达成的目标，以及关于进展的清晰反馈。因此，这种状态就是人类愉快的享受。

虽然契克森米哈赖是从很多画家、棋手等专业人士入手研究福流的，但他指出，福流不仅局限于这些专业人士或创造者，也存在于大众群体之中，包括热爱学习的青少年、热爱工作的白领，以及热爱家务的家庭主妇。也就是说，福流体验的发生与职业、年龄、工作场所等无关，任何人都有可能体验到福流。只要你能集中注意力，全身心投入活动，具有明确的目标和及时的反馈，就可以体验到福流。

那么对于孩子来说，怎样才能获得那种沉浸于巅峰状态的福流体验呢？我们通过研究发现，一般需要具备以下三个条件。

挑战与技能相平衡

想要获得福流体验，很重要的一个条件就是，孩子所面临的任务难度要与他掌握的技能相匹配。一般来说，任务难度可以稍稍高于孩子现有的能力，是让孩子“跳一跳”就可以够到的高度。否则，孩子就无法获得这种体验，也不能专注于任务。

这一点不难理解。在日常生活中，当我们准备做某件事或完成某个任务时，一旦发现这件事或这个任务太难了，运用现有的技能根本没法应对，就会很沮丧、很焦虑乃至选择放弃。比如，在打乒乓球或下象棋时，如果对方是个高手，三下五除二就把你打败了，你肯定会很沮丧，甚至感觉自己太失败，能力太差了。这个时候，你几乎体会不到下棋的快感。不匹配的对手让本来可以产生快感的象棋变得索然无味，甚至充满苦涩。这种情况下，你显然无法获得福流体验。

有趣的是，当我们的能力远远超出面临的任务或活动的难度时，也会感到无聊和乏味。同样拿打乒乓球或下棋来说，如果对方是个新手，你会感觉毫无挑战性，丝毫没有对决的乐趣，甚至还会产生厌倦感与逃避感，只想快快结束这场比赛。

因此，只有当双方势均力敌，你来我往，不相上下时，我们才会专注，生怕一不留神就被对方打败。当然，就算最终被对方打败，我们也会感觉特别痛快，因为我们已经进入福流状态。

契克森米哈赖将这种福流体验过程画成了一张“福流通道”图（见图 7–1），来形象化地解释福流发生的状态与条件。通过这张图我们可以看到，任何一个人想要专注于某件事，都要保证所面临的任务或活动难度与自己的能力水平相契合。

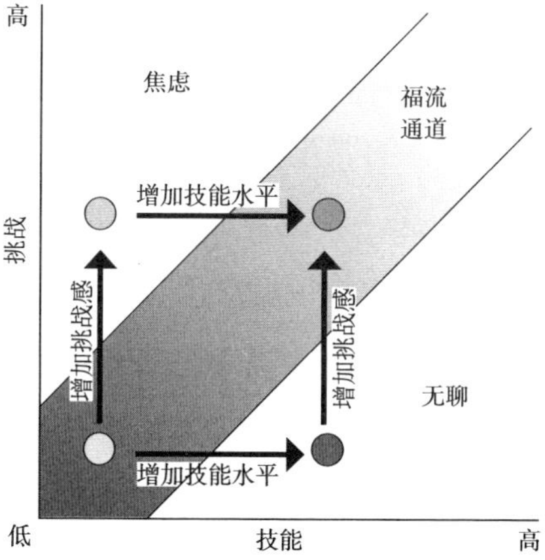

图 7–1　福流通道

孩子也是如此，如果一项任务远远超过或低于孩子的应对能力，孩子便无法从中得到快乐，也不能建立全情投入的心境。这样，孩子就会处于福流通道之外的位置，出现焦虑、无聊等情绪。通过图 7–1 也可以发现，如果孩子想进入福流通道，要么需要适当地调整任务或活动的难度，使之与其能力水平相匹配，要么就是针对难度大的任务，提高其自身的技能水平。总之，让自己的能力与挑战难度相匹配，是体验福流的前提。

降低任务或活动的难度，这一点相对来说比较容易做到，而提高应对任务的能力水平，在多数情况下不容易在短时间内做到。这需要孩子投入足够多的时间和精力练习与精进，其本身就是对孩子的能力和技能的一种有效锻炼，可以慢慢地提升孩子的各项能力水平。

确保孩子行动的每一步都有明确的目标

在日常生活中，家长经常要求孩子做计划、定目标，但有时设定的目标太大，以致到了实际操作时根本无从下手。

所以，在孩子制订计划或目标时，家长要引导他们别把目标定得太宏伟、太遥远，即使刚开始定的目标可能比较大，也必须把大目标切分成具体、比较容易实现的小目标，确保孩子在行动时，知道自己每一步该怎么做，而且也清楚自己下一步该做什么事。如此一来，孩子在追求目标的过程中才有可能完全将注意力投入其中，不断积累小成就，在过程中逐渐进入福流状态。久而久之，孩子就会形成一种稳定、积极的心理状态，从而保证那个最大的目标也能在快乐与投入中不知不觉地实现。

能获得及时的反馈

想要获得福流体验，让孩子的专注力越来越高，家长就要帮助孩子设定相应的目标。但是，如果只有目标，没有及时的反馈，那么孩子就无法确定自己的状态是怎样的，任务到了哪一步，以及还需要注意哪些问题，等等。所以，在帮助孩子确定目标的同时，还需要及时给予反馈，帮助孩子进入福流状态。这就像农民种田一样，把种子种到土中之后，还要看到庄稼长出来，关注庄稼长势如何，缺水还是缺肥，该除草还是该除虫……有了这些反馈，农民才知道自己接下来怎么做才能让庄稼长得更好，最后丰收。

及时的反馈对于获得福流体验来说非常重要。我们要多配合孩子，在孩子逐渐完成目标的过程中，及时了解孩子的完成情况。如果发现完成得很好、很顺利，要及时给予鼓励和表扬，增强他们继续努力的信心，让他们在接下来的行动中更加专注、用心。如果完成得不理想，则要及时引导孩子纠正错误，提高能力，以便在下一步的行动中能更顺畅地完成目标，获得沉浸巅峰的福流体验。

用 SMART 原则专注于目标

美国著名哲学家、文学家拉尔夫·沃尔多·爱默生（Ralph Waldo

Emerson）曾经说过："一个一心向着目标前进的人，整个世界都会为他让步。"在行动过程中，如果缺少目标的指引，我们就不知该向哪个方向努力，也无法全身心投入。所以，福流体验必须有明确的目标。

对于孩子来说同样如此。缺乏目标，孩子在学习时就很难做到专心致志，更不会对学习产生兴趣。

我有一位朋友，她的女儿上小学四年级。据她说，女儿学习很勤奋，每天放学回家后，很快就能完成老师布置的作业，还会做一些自己购买的练习题。可让她不解的是，女儿虽然很努力，但学习成绩一直不太理想。

后来她就问我，问题到底出在哪里。我详细地了解了一些情况后，我问她有没有帮助孩子设定一些目标。她很惊讶地说："怎么设立？孩子每天按照老师教的来学就行了。"

我觉得这可能就是孩子成绩一直上不去的原因，因为没有学习目标，孩子的学习就缺乏规划性和系统性。老师今天教的，她今天可能学会了，但也仅限于今天学会了，过几天可能就忘了。而且因为缺乏目标，孩子对自己也没什么要求，学习时自然也就缺乏动力和专注力。这种毫无目标的学习是没有效果的，成绩自然也就很难提高。

所以，父母应该让孩子明白学习目标的重要性，并且指导孩子制定明确有效的学习目标。

看到这里，一些家长可能会问："我们如何帮助孩子确立目标？什么样的目标才是明确有效的，能够起到指导效果？"

我给家长介绍设定目标的“SMART 原则”。这一原则是由乔治·多兰（George Doran）在 1981 年提出来的。最初这一方法主要用于企业管理，后来逐渐在各个领域推广开来，被用于提高目标设定的效用。

在积极教育领域，SMART 原则对于孩子设立目标同样大有帮助。SMART 是五个英文单词首字母的缩写，具体包括 Specific（具体性）、Measurable（可衡量性）、Attainable（可实现性）、Relevant（相关性）和 Time-bound（时限性）。

具体性

无论是设定学习目标，还是其他目标，孩子设定的目标都必须是具体可行的。当然，对于绘画、写作等一些富有创造性的学习项目来说，目标可能没那么明确，那么我们可以让孩子专注于其中的某个部分，比如关注写作的用词、结构等。在绘画时，如果孩子无法从一开始就想好自己具体要画成什么样，那就在画到某个程度时，让孩子判断一下这是不是他想要的或者这是不是他希望达到的水平，这些都是一个个具体的目标。当孩子能够专注于小的具体目标时，他们就会逐渐进入福流体验，同时专注力也会一步步获得提升。

可衡量性

孩子设定的目标不但要具体，还要可以衡量，这样孩子才能知道自己到底有没有达到目标。

这里需要注意的是，我们要引导孩子尽量避免设置一些本身就极易变化的目标，比如下次考试要超过某某，下次考试要进入班级前十名，等等。这类目标看似很具体，实际上却极易变化，其结果有可能是孩子自身的原因导致的，如考试时身体不适、发挥失常等；也可能是由外部原因导致的，如对方生病等。这种情况下即使孩子达成目标，也并不会欣喜。

所以，如果一定要比较，不妨引导孩子与自己比较，如一个月后要把跑步时间从现在的30分钟增加到一小时，期末考试要比期中考试提高多少分，等等。

可实现性

这一点与挑战和能力相匹配的要求是一致的，也就是说，一旦孩子设立的目标过高或过低，就是没有意义的，孩子也根本无法从中获得福流体验。

我以前的一个学生，学习十分刻苦，平时表现也很不错，但考试成绩总是排在中游。我让他给自己制定一个目标，他也很听话地制定了，却一直无法达到他自己制定的目标。

后来我跟他沟通了几次，结果发现，他对自己特别缺乏信心，总感觉自己不行。明明平时已经学得很好了，一到考试，他就觉得自己考不过别人。结果，在这种心态的影响下，他在考试时会发生各种各样的失常状况，考试成绩自然一直达不到理想状态。

在孩子设立目标时，我们还要引导孩子认真思考一下，他是否真的相信自己能达到这个目标。如果他对自己缺乏信心，那么这个目标就毫无意义。此时我们要做的，就不是协助孩子制定目标，而是先帮助他处理心中的不自信、不合理的想法。只有孩子内心坚信自己可以达成某个目标，他在实现目标的过程中才会更加专注、更加用心，目标才有可能真正实现。

相关性

目标的相关性是指某个目标与其他目标的相关情况。有些家长可能认为，我们帮孩子制定小目标，肯定是为了实现一个大目标。但在具体操作中，我们很容易把目标定偏。

比如，孩子正在准备英语的单元测试，他把复习英文课文设立为其中的一个小目标。但是在过程中，他一直在关注课文内容，却没有深入地复习课文中的生词和语法。这就是一种目标上的偏差。

再比如，一些非常认真的学生在复习时，会把整理笔记作为复习中的重要环节，然而在实际操作中，他们只是重新抄写了一遍笔记，让笔记变得更加整洁而已，并没有对其中的内容有更深入的理解和掌握。

以上这些都是我们要提醒孩子注意的。

时限性

孩子在制定目标时，不管制定的是大目标还是小目标，都需要设定一个截止日期。也就是说，孩子要在自己设定的一个时间范围内完成相应的目标。

因为人都有拖延的习惯，如果不给目标设定时限，孩子在完成过程中就可能拖拉，导致进度滞后。相反，如果目标有了时限性，就相当于给了孩子一定的压力。孩子为了实现这些目标，也会合理地分配自己的时间和精力，把控整体的安排和进度，并且在实现目标的过程中更专注、更用心，也更容易获得巅峰式的福流体验。

允许孩子放空片刻

孩子注意力不集中最明显的表现就是做事或学习时开小差，眼睛盯着桌子上的作业本，思维却不知道跑到哪里去了，结果原本半小时就能完成的作业，硬是拖延了一个多小时还没写完。即使一遍遍地提醒，孩子也很难专心地做眼前的事。

我们为什么会开小差

其实，不同年龄段的孩子，注意力一次性集中的时间也是不同的。一般来说，小学一、二年级的孩子，注意力一次性集中时间在10~20分钟，超过这个时间孩子就感到累，容易走神；三、四年级的孩子，可以坚持30分钟左右；到五、六年级，才能增加到40分钟以上。

注意力分散、容易开小差不仅是孩子特有的表现，成人也经常有。尤其在今天电子设备、各种社交媒体非常普及的情况下，人的注意力更容易被各种信息吸引。英国心理学家于尔根·沃尔夫（Jurgen Wolff）曾经做过一个关于白领人士工作效率的调查。他发现，在每天8个小时的工作时间里，只有20%的工作是对企业发展有决定性意义的，例如，为开发一款新产品或新服务做出的决策、创建新业务流程的优化目标、指导员工有效地工作、完成目标设定等；其余80%时间的含金量就比较低了，比如整理办公桌，检查邮件，出于礼貌参加一些与工作关系不大的会议，做一些微不足道却又很紧急的事，打发电话推销员，应付保险公司与电信公司的优惠电话，等等。

从这些事实中我们看到，成年人尚且会受到各种干扰做不到专注，更何况孩子。所以，要求孩子在学校的每堂课都认真听讲、认真理解是不现实的，也是不科学的。老师与家长要习惯并深刻理解孩子们做小动作、分神、讲话、听不懂等现实，并且接纳这些正常现象。因此，在课程中为孩子安排那 20% 专注力集中时的教学内容，远比让孩子整天集中精力更现实、更科学，也更迫切。

家长与老师具体要怎么做呢？

对此，我们推导了一个特别重要的逻辑：要培养孩子的专注力，避免孩子在做事、学习时经常开小差，我们就需要从更深层次的科学原理角度分析孩子的注意力问题。

美国麻省理工学院的脑神经学家罗伯特·戴西蒙（Robert Desimone）研究发现，人类大脑中控制注意力的是前额叶皮质区的神经元。当这些神经元一起释放信号时，就会在神经元共振的情况下形成使信号上下波动类型与正弦曲线一样的伽马波。这些伽马波可以非常直接地促使人形成专注力。在这种伽马波的作用下，人们也会主动地选择自己注意力的方向。

注意力不集中的表现主要有两种，一种是专心不足倾向，也就是不专心、不专注、爱走神，这种倾向的产生与大脑额叶外侧相关；另一种与专心不足倾向刚好相反，就是专心过剩倾向，即对某件事过于执着，难以自拔，这种倾向与大脑额叶内侧、扣带回区域的活动过剩相关。

了解了专注力与大脑的密切关系后，我们在培养和提高孩子的专注力时，就可以不那么焦虑，而是寻找科学的方法。孩子之所以注意力不集中，很大的一个原因就是我们为他们提供的环境中，包含了太多吸引前额叶皮质区神经元释放信号的因素。比如，孩子拥有的玩具过多，一个玩具刚拿到手，马上又有另一个玩具吸引他的注意力；电子产品过于丰富，电视、电脑上充斥着各种各样的动画片吸引着孩子……针对这些情况，我们平时就要适当地减少对孩子的过度刺激，尤其在孩子学习或专注于活动时。

两个反“常识”的做法

那么，这是不是说孩子在学习或专注于活动时，我们就必须为孩子创设一个特别安静、整洁的环境，周围不能有任何事物打扰呢？孩子一旦在学习或做事时走神、开小差，就必须纠正吗？

在这里，我要给大家分享两个违反“常识”的做法。

1. 不必刻意为孩子创设安静、整洁的学习环境

我们先来看个实验。

伦敦大学学院心理学教授尼利·拉维曾做过一个实验。她发现，有时桌面混乱一些不但不会影响专注力，甚至会提高我们对工作和学习的注意力。因为在过于干净整洁、寂静无声的环境中学习和工作时，会让一些人过度关注周围的清洁和整齐，反而分散了注意力。在一个略微有些混乱的环境中学习和工作，有时反而能锻炼我们忽视那些不重要的事情的能力，继而更加专心致志地处理自己应该做的事。

这个观点比较反常识，它背后的逻辑是先忽略那些不重要的

事，才能集中注意力处理更重要的事。这给了我们一个新的启示：要让孩子养成认真学习的好习惯，不一定非要保持周围环境的绝对安静和整洁。每个孩子都有自己的特点，与其一到孩子的学习时间一家人都屏息静气、如临大敌，不如仔细观察，或者跟孩子讨论一下，看看在孩子学习的过程中，有哪些因素容易导致分心，然后再帮助孩子消除这些因素。当我们以一种轻松、开放的心态看待可能给孩子的学习造成困扰的因素时，也许就会发现，有些因素并不会产生太大的影响力。这样有意识地培养孩子忽略背景信息的能力，可以更好地锻炼孩子的适应能力。

2. 有意识地让孩子开小差

这一点似乎也违反了常识，但是，当孩子难以集中精力时，让思维开小差或许是最好的应对方式之一。

越来越多的心理学家发现，人们会花很多时间做白日梦——按照某些指标来看，这种活动的时间占比甚至高达 50%。正因为如此，一些心理学家认为，心不在焉并不算思维系统的问题，反而可以帮助人脑恢复正常运作。

同时，更多的脑科学研究也发现，人的注意力涣散并不是无缘无故的。想要集中注意力，就要用到包括前额皮质在内的一片大脑区域网络。那里负责抵抗干扰，控制人们的自然冲动，阻止人们去做一些容易分心的事。而保证这个网络正常运转所需的能量，要高于人们在漫无目的地思考时激活的大脑区域消耗的能量总和。因此，在一天之中，人们总会不可避免地有感到精疲力竭的时候，这时看似心不在焉，其实大脑正在恢复能量。这一点对于专注力训练是很有帮助的。

这些实验表明，有意识地让自己的思维时不时地摆脱束缚，反而有助于专注力的恢复。所以，当孩子在持续学习一段时间后，我们可以提醒他暂停一下，思考一些与学习无关的事情，比如解决一下他脑海中出现的其他问题，然后再回到学习任务上，这往往比一直坚持一项学习任务更有效率。同样，如果发现孩子在一个问题上冥思苦想了很久，仍然找不到解决方法，也可以鼓励他停下来休息一下。

此外，平时父母也可以多带孩子接触一些与学习无关的事情，通过吸纳多元的信息和观点充实自己。比如，参观博物馆和美术馆，翻阅新颖的杂志和报纸，吃一顿美食，随意浏览网络上的信息，沉住气让自己沉浸在全新的观念和体验中……这样一来，孩子的大脑就会自动地在纷繁复杂的事物中寻找自己感兴趣的信息，不仅能缓解偶尔思维涣散带来的负罪感，还有助于激发预料之外的创意，同时也会让孩子获得开放、多元的心态，更易于培养思考和解决新问题的能力。

持续性、切换性与爬升性

当然，要提升专注力，我们还要了解专注力在三个维度上的特质，那就是持续性、切换性与爬升性。

其中，持续性是指一个人对一项任务投入的专注力的持续时长；切换性是指一个人在一项任务与另一项任务之间做出反应的时长；爬升性则是指一个人对于一项任务从开始的散布式注意到高强度专注的时长。

这三个维度是专注力所包含的内在组成特质，但并不是每个孩子在这三个维度上都会表现得特别优异。事实上，几乎没有人能在自然状态下同时拥有在这三个维度上的专注力优势，至少总有一项是不太理想的，这也是人的自然属性使然。也就是说，我们完全不必责备一个数学课上得不错，可在接下来的语文课上迟迟进入不了状态的孩子；也不必批评一个认认真真做对了三道题，却在第四道题上犯了不该犯的错的孩子；当然，也更不应该戴上有色眼镜去看待反应有点慢的孩子……因为这些情况都是正常的。人们在专注力的持续性、切换性、爬升性三个方面天然就存在某些能力强、某些能力不太强的情况。对于一个孩子来说，他有可能持续性强，但切换性弱，或者切换性强，但持续性与爬升性弱。

总之，孩子总会在某些方面比较突出，又会在某些方面显得力不从心，家长需要特别注意这些专注力的特质，从而弄清自己的孩子属于哪种类型。科学研究还发现，除非接受专业训练，否则专注力在三个维度上所呈现的天赋特征具有终身稳定性。也就是说，如果一个孩子的专注力在持续性维度上强，在切换性维度上弱，那么也就意味着在未来的生活与工作中，这种特征会伴随他一生。比如一个持续专注但不太擅长灵活切换的人，可能会对一项任务持续专注，但换一个任务就可能表现出不太胜任的预期落差，而这种情况对于他来说，可能一辈子都是如此。

会放松才会全情投入

人的身体和大脑就像一台机器，如果连轴转，任由什么样的身体和大脑都会疲劳、消沉，甚至会受到伤害。所以，当你发现孩子注意力不太好时，就要及时让孩子放松一下身心，给孩子缓冲、调整身心的时间。这样，孩子的精力就会恢复，大脑继续进入兴奋状态，注意力也不会因为身体和大脑的疲劳而分散。

波士顿注意力和学习实验室的乔·德古迪斯（Joe DeGutis）和麦克·伊斯特曼（Mike Esterman）就曾表示，当一个人需要长时间保持注意力时，少即是多。他们通过大脑成像实验发现，保持注意力的最佳战略是专注一段时间，然后短暂地休息一会儿，之后再重新集中精力。整体而言，时刻绷紧神经的人会犯更多的错误。

阿姆斯特丹自由大学的克里斯蒂安·奥利韦斯（Christian Olivers）的研究也发现，当人们被告知可以让自己放松，想其他事情，而不需要始终集中精力时，他们的注意力资源就会得到更大范围的延伸。为此，他们还做了一个实验，用核磁共振的方法让一些人保持注意力去做一件事，然后休息一下，再继续做这件事。结果发现，与其让这些人长时间地做一件事，倒不如分段完成这件事效率更高，事半功倍。

由此可见，我们想让孩子的注意力更集中，就不能要求孩子长时间地保持专注力，而是在孩子完成一些事情后，让他停下来放松一下，然后再继续做事，再停下来放松……这样的循环才能让他在做事时获得更好的专注力。切忌强迫孩子必须一直专注地做事，这不但无益于孩子注意力的提升，反而可能给孩子造成心理阴影。

通常来说，我会建议家长尝试以下三种做法。

在放松的间隙引导孩子寻找快乐

我们的大脑一般会对我们早已司空见惯的事产生厌倦感，提不起多大的兴趣，因为经历越多，就越缺乏新鲜的刺激。当这种感觉产生时，人的注意力就会下降，思维能力也会出现缺陷。

孩子在学习时也是如此。当孩子不间断地上课、刷题、写作业时，他们的大脑就会慢慢进入疲劳状态，处理问题的方式也会越来越机械，学习也像流水线一般，过度依赖过去的经验，不再留心潜在的问题。

一旦发现孩子出现类似状况，父母就要多加注意，因为这可能是在提醒你，孩子的大脑需要被重新激活。比较有效的办法就是支持他们做那些能让他们开心、快乐的事，比如听音乐、跳舞、运动，或者有节制地玩一些电子游戏等。

笑个痛快也是提升注意力的有效方法之一。科学家研究发现，在努力攻克一些难以解决的问题时，那些看过搞笑视频的人比对照组（他们观看的视频虽然很轻松，但并不搞笑）专注的时间更长，也更加努力。因此该研究认为，幽默可以有效补充我们的意志力储备，并且激发我们的兴趣，而兴趣则是专注力提升最好的帮手。

给予孩子充分的休息时间

当我们在工作和学习中面临困难时，停下来休息或许是不得已，但有很多证据表明，休息也是一种充电方式，可以帮助我们更加有效地完成更多的工作。

什么时候休息最合适呢？每次要休息多久呢？一般来说，成年人每次集中精力 90 分钟后，就应该休息 15 分钟。对于专注力不如成年人的孩子来说，大概每集中精力 45 分钟后，就要休息 15 分钟。

在休息期间，我们可以让孩子起来活动活动，如伸伸懒腰，打个哈欠，喝点水，到户外呼吸新鲜空气等，通过这些方式放松一下紧绷的神经。

很多家长一看到孩子在休息就不满意，甚至指责他们偷懒，学习不认真，导致孩子始终处于一种紧张、恐惧的情绪中，神经长期处于兴奋状态。还有些家长给孩子报很多课外班，生怕漏掉能提升孩子能力和成绩的课程。结果，孩子的能力和成绩不但没提高，还出现了厌学情绪。

对于孩子来说，学习确实很重要，但休息也同样重要，那就必须有个科学的配比方法。学习不是一蹴而就的事情，孩子只有做到劳逸结合，才有效率可言。休息、放松都不是浪费时间，而是为了让孩子的精神恢复到最佳状态，从而更好地利用时间，提高学习效率。

教孩子科学用脑，交替学习

所谓交替学习，就是指孩子在学习过程中，在一段时间内轮番学习不同学科，而不是长时间只抱着一门学科“啃”。

科学研究发现，人的大脑左右分工不同，左脑侧重于逻辑与抽象思维，右脑侧重于形象思维。比如数学、物理等学科，主要使用的是左脑，语文、英语等学科主要使用的是右脑。顺便说一下，上面提到的左右脑的特点并不代表左脑只负责逻辑与抽象，右脑只负责形象与想象。无论是逻辑与抽象思维，还是形象思维，都需要左右脑共同参与。这是对大脑左右功能研究的最新成果，与以往人们理解的“左右脑”是不太一样的。

孩子长时间学习一门课程，大脑很容易疲劳、困倦，心理上也会产生厌倦和抵触情绪。如果这时还强迫孩子学下去，效果一定大打折扣。这时，孩子需要的就是交替学习，换另外一科来学。这样，他们的大脑会再次进入兴奋状态，注意力也不会因为大脑的疲劳而分散。

另外，还有些时候孩子的注意力集中不起来，父母要考虑到孩子是不是遇到了什么困难。也就是说，孩子注意力难以集中，不一定是注意力的问题，也许是心情状态的问题，比如遇到了生活问题、朋友之间发生了矛盾等。这时，我们就要与孩子耐心沟通，通过交流分析帮孩子解决这些问题，让孩子能够全身心地投入学习。

以上就是心理学家根据脑科学的研究和实验所呈现出来的结论。我们对人类的大脑了解得越深刻，就越能找到提高专注力的科学方法。简而言之，当我们希望孩子能专注于某件事时，最好的方法并不是强迫他们必须把注意力集中在这件事上，而是帮助他们设立合理的目标，在完成目标的过程中获得福流体验，同时培养孩子忽视背景信息的能力，给予孩子放松的机会，让孩子保持积极、愉悦的心情，其专注力自然会得到提升。

| 家庭游戏创设 |

抓住幸福的小尾巴

家长与孩子并排站立，中间间隔一条手臂的距离，手臂向两侧伸直。然后，家长或孩子其中一人左手比 1（竖起食指）；右手比 5(张开 5 指)，搭在旁边人左手的“1”上（像搭起一把小伞）。

让孩子来数 1、2、3，当数到 3 时，家长和孩子要同时做两件事：右边的人要快速抓握左边的人的“1”，而左边的人要迅速躲开右边的人的抓握。

可以变换数数的节奏，让孩子摸不到规律，更加全神贯注地玩游戏，锻炼专注力。

第八章

善良

锻造孩子真正的竞争力

善良是人类在长期的生物进化过程中形成的一种竞争优势，也是人类获得幸福感的前提。能被周围人喜欢，受到周围人的尊重、肯定，会让我们感到心情愉悦，充满幸福感。培养孩子善良的人格，是孩子未来能够拥有积极的身心、良好的人际关系的必要前提。善良是真正符合几十万年来人类进化逻辑的优秀品格，是孩子真正的竞争优势。

善良是人类进化选择的结果

很多家长认为，善良就是老实、懦弱，现在社会竞争这么激烈，太善良无法适应激烈的竞争环境，必然会吃大亏。其实这是个误区。人们都不喜欢阴险狡诈、恶意满满的人，都希望与一个善良、懂得为他人着想、能在别人有困难时给予帮助的人相处。而且善良的人也更敢于承担社会责任，能够带动和感动更多的人。这样的人不仅拥有良好的人际关系，还会赢得更多人的帮助和认可。这种自带光环的人，怎么会无法适应社会呢？

从这个角度来说，善良的孩子更有竞争优势。

我在清华大学的学术助手曾给我讲过一个他自身的经历。

有一天他去接孩子放学，孩子从幼儿园出来后，没有直接奔向爸爸，而是跑向了一位正在折桃花的家长，用稚嫩而坚定的声音对她说："阿姨，花是有生命的，你不能摘，你要向它道歉！"

这位家长对眼前的一幕毫无准备，下意识地低头看了看孩子，但折花的动作并没有停。这时，小男孩又大声说："阿姨，你不能折花！花是有生命的，它会疼的，它的妈妈也会很伤心的……"说完，孩子的眼里竟然流出了眼泪。那位家长停下了手上的动作，但手仍然放在花枝上。

我的助手对我说，当时他真想跑过去好好数落那位家长一顿。但他还是忍住了，不过他用坚定而赞赏的眼神告诉儿子："你做得对！"

又僵持了半分钟，那位家长还是把花折了下来。助手的孩子"哇"的一声哭了起来。助手忙走过去，大声对那位家长说："如果现在制止您的是您的孩子，您还会把花折下来吗？我相信，您的孩子也会对您极度失望的。我为我孩子的表现骄傲！"

就在这时，这位家长的孩子也出来了，她高兴地招呼自己的孩子："宝贝，快来看，妈妈给你折了一朵特别漂亮的花……"话还没说完，孩子看到妈妈手里的花，板起小脸儿，严肃地说："妈妈，你不应该折花，花是有生命的，我不喜欢你这样做！"说完，孩子头也不回地走了。那位折花的妈妈一脸困惑，像座雕塑一样站着，不知所措。

说实话，当时听完这个故事，我也特别感慨。也许有人觉得，这个小男孩这样做就是幼稚，但我觉得，这恰恰反映出了我们人类的天性，就是善良。

被善良选择的我们

相信很多家长应该记得自己小时候，身边的老师和家长津津乐道的话题经常是哪个小朋友又做了好人好事，比如在路上捡到硬币交给老师，放学时扶老奶奶过马路等。但是，当我们自己成为家长之后，基于各种现实考虑，慢慢变得世故、冷漠。为了保护孩子不受伤害，从小就教育孩子不要软弱，要学会竞争，懂得拒绝，甚至要去争抢、攻击，这样才能保护自己，好像做个善良的人就是件很傻、很吃亏的事一样。

虽然现实生活的确存在一些丑恶现象，但人真的只能活成这样吗？

从心理学角度来说，我是不认同这些观点的。2011 年，加州大学伯克利分校著名心理学教授达契尔·克特纳（Dacher Keltner）在他的著作《生而向善》中指出，善良其实就是中国人提倡的“仁”，是人与人在交往过程中表达出来的好意。

克特纳研究的领域是人的情绪。他通过研究证明，笑、乐趣、爱、同情、快乐等所有这些积极的情绪，往往都是与人的善良、道德、高尚等体验连在一起的。简单来说，就是当我们做了好事，帮助别人时，我们更容易产生愉悦、幸福的感觉，而竞争、攻击、争夺等则会让我们感到烦躁、恐惧、无助，出现很多负面情绪。

克特纳的观点是有一定道理的。实际上，人类从来都不是这个地球上最凶猛的生物，也不是生存能力最强的生物，那为什么人类会成为地球上的万物之首呢？我们靠什么竞争优势战胜了其他生物呢？我认为，靠的就是人类天性中的善良。并且，不是我们要选择善良，是善良选择了我们，让人类走到了今天。善的意念产生善的行动，善的行动使得我们的群体逐渐强大。这样强大的群体又被选择出来，被赋予更加深刻和复杂的善心，使得群体更加强大。这样周而复始，人类才最终成了一个个体能力不算最强，但群体综合优势最明显、综合实力最强的物种。也就是说，人类能够战胜其他物种，在地球上生存下来，是人类进化选择的结果，原因可能就在于人类拥有强大的善的基因。

善良植根于天性之中

中国人常说，人之初，性本善。但是，有什么科学证据能证明人类的天性是善良的呢？

耶鲁大学著名心理学家保罗·布卢姆（Paul Bloom）曾做了一个实验。实验人员让几个6个月大的宝宝分别看两个不同的录像。在一个录像中，有一个圆形要上山，却怎么也爬不上去。正当圆形挣扎的时候，后面来了一个友好的三角形，把它顶到了山顶。在另外一个录像中，还是这个圆形在拼命地爬一个山坡，怎么也爬不上去。正在挣扎时，山上突然下来一个正方形，拼命地往下踢圆形，不让它上去。

当婴儿分别看完这两个录像后，实验人员就把出现在录像中的几个几何图形玩具摆出来，让他们选择自己喜欢的。结果发现，几乎所有的6个月大的婴儿都选择了助人的三角形。

更有趣的是，当婴儿看到那个助人的三角形时，都会露出微笑的表情。相反，当看到那个不友好的正方形时，所有婴儿都流露出厌恶的表情。

这个实验说明，即使只有6个月大的婴儿，也会天然地喜欢好人好事，厌恶坏人坏事。他们连话都不会说，也没有受过什么道德教育，却表现出喜欢善的行为，而讨厌恶的行为。可见善良是我们天性中的一种品质。

保罗·布卢姆还做了另外一个实验：请1岁的孩子分别看两个不同的视频。在第一个视频里，中间有个玩偶在玩球。它玩着玩着，球滚到左边去了。左边的玩偶就友好地把球还了回来。在第二个视频中，玩偶还是在玩球。它玩着玩着，球滚到右边去了。没想到右边的玩偶拿到球就跑了。

在婴儿看完这两个视频后，实验人员让他们分别接触视频中的那两个行为不同的玩偶。结果发现，当婴儿看见还球的玩偶时，居然会用小手去抚摸它，以示友好；当看见那个不友好的玩偶时，会用小手砸它，以示惩罚。

仅 1 岁的孩子，就已经有了惩恶扬善的冲动。这也再次证明，人的本性是善良的，是愿意惩恶扬善的。所以积极心理学认为，我们在教育中应该弘扬天性，保持孩子天性中的善良，让孩子在成长的过程中感到愉悦快乐，积极高尚。

越来越多的研究成果也证实，那些表现出乐于助人性格的孩子，未来的社会成就更高，更受人尊敬，因为他们能更快速地融入工作环境，更具有团队合作精神。在家庭背景相似、智商相同的情况下，善良决定了孩子的发展前景。

善良的孩子更具幸福感、更懂爱

在云南丽江，有一所名叫华坪女中的特殊的女子高中，这里每年都会走出一批大学生，进入全国重点高校就读。到现在为止，这里已走出 1800 多名女孩。但很多人不知道的是，这是全国第一所免费的女子高中，校长名叫张桂梅。而这所学校最早也是张桂梅自己出钱创办的，最困难的时候，她到外面几块钱几块钱地跟人乞讨，最终建起了学校。多年来，她更是拖着病躯给孩子们上课，帮助孩子们走出大山，改变命运。

很多人可能都不理解张桂梅的行为，明明自己一贫如洗、满身病痛，还要做这样的事情，她到底图什么呢？

要回答这个问题，我们就先来看看人为什么要帮助别人。

关于助人的动机，社会上有三种解释。

社会交换理论

这种理论认为，帮助别人是一种互惠互利的理性行为。因为是利益交换，帮助别人的人也更容易得到其他人的回报。

比如，在献血时，我们会把献血的代价（献血带来的不方便和不舒适）与献血的利益（社会的赞赏和帮助别人产生的愉快感）进行比较。如果预期回报超出或等同于代价，我们就有可能帮助别人。

这个理论和中国古代诸子百家时期的“杨朱学说”有点类似，我们也能从中看出墨家的“兼相爱，交相利”的影子。不过，无论是杨朱学说，还是墨家学说，或者说现代语境中的社会交换理论，这种解释都让人感觉有些不太舒服，因为它将人的无私精神视为利己主义。如果一个人帮助别人只是为了获得他人的赞许或回报，那么我们就很难认为他真的做了一件好事，也很难把它与我们纯粹、自然而然的善意联系起来。

人的恻隐之心

第二种解释是人在见到他人痛苦时都会产生同情之心，即孟子所谓的“乍见孺子将入于井，皆有怵惕恻隐之心”。这种解释认为，帮助他人是因为人有一定的恻隐之心。这也是人类同理心的一种表现。

从婴儿时期开始，人就会不时地表露出天然的同情心和爱心。当看到别人受苦时，我们也会觉得难过、不舒服。比如，当我们看到一个老人不小心摔倒时，第一反应肯定是去扶他，这就是天然的善意和恻隐之心的流露。恻隐之心的确属于天生的善意，但恻隐之心更多地还表现出一种社会伦理与上位者的道德意识。也正是由于这种上位者姿态，使得恻隐之心又不是那么纯粹。

在现实生活中，越来越多的经验和见闻也告诉我们，恻隐之心有时会被别有用心的人利用，社会上让人防不胜防的“碰瓷”就是典型的例子。有时看到一个老人摔倒，好心人扶起这个老人之后，却被讹诈、被诬陷。因此，现在很多人碰到这种情况，都会先判断这个老人是真的摔倒，还是在“碰瓷”。结果很多人就会装作没看见，从老人身边绕过去。好一点的，可能会帮忙打个急救电话。这种人为保护自己，心中的权衡压倒了天性中的善意。为什么现在见义勇为和好人好事变得比以前少了呢？就是因为社会发展了，但也复杂了。在一个复杂的环境中，人们的善意越来越被客观的复杂性约束。这可以说是一种现实的生存智慧，但又会让人产生一种苍凉感。因此，我们也不太鼓励没有任何考虑的善良。这种“泛滥”的善良虽然可贵，但因过于脆弱而容易受到伤害。不能进行自我保护的善良是危险的，对于孩子来说更是如此。

帮助他人能带来快乐

来自纽约州立大学石溪分校的史蒂芬·波斯特（Stephen Post）教授是一位专门研究助人方面问题的专家。小时候，每当他情绪不好时，他的妈妈就会说："孩子，你看上去心情不好，你出去帮助别人吧。"于是小波斯特便会跑出去，帮助街对面的环卫工人清扫落叶，或者帮助旁边的大伯修理桅杆。他说："我每次出去帮助完别人，心情就变好了。"

后来，波斯特成为研究慷慨助人大爱精神的专家。2008 年，他在自己的《好人会有好报吗？》一书中开篇就写道："如果我可以带一个词到来世，那一定是'付出'。"

一项最新的研究也证明了波斯特的观点。这项研究认为，那些与人为善的孩子，可以获得更多的幸福感，也能获得更多的认可和赞许，受到大家的喜爱和欢迎。教育心理学研究者曾做过这样的调查研究，他们挑选了 400 名年龄在 9~11 岁的温哥华小学生，研究他们在什么情况下会感到充满幸福感，并且调查在学习活动时，孩子更乐于跟哪些同学一起玩。

在调查过程中，他们请老师鼓励其中一半的孩子多做善事，比如与同学分享午餐，在妈妈感到疲劳时，给她一个大大的拥抱；另一部分孩子则被告知可以去他们喜欢的地方，比如篮球场、朋友家等。

四周后，她再次对这400名小学生进行调查，了解他们的幸福感情况，以及确认他们喜欢跟哪些孩子一起玩。虽然这两组孩子都很快乐，但做好事、善事的那组孩子更多地被同学选为愿意一起玩的人。

由此可见，做好事、做善事的行为会让孩子更受欢迎，而这一部分孩子也会因此感到更加幸福。就像罗格斯大学临床心理学教授和情感智力作者毛瑞斯·伊莱亚斯（Maurice Elias）博士在他的《高情商育儿方式：如何培养一个自律、负责、有社交能力的孩子》（*Emotionally Intelligent Parenting*）一书中写的那样："我们渐渐意识到，同理心、利他主义和同情心的表达对我们的幸福感提升至关重要。通过回报社会、帮助他人，可以使自己感受到真正的幸福感。"

加州大学伯克利分校从60多年前开始，便跟踪研究了200多名正处于青春期的青少年的生活。卫斯理学院的心理学家保罗·维克（Paul Vick）从这些材料中分析被试者的助人倾向，并花了3年时间走遍美国，与他们进行逐个访谈。结果发现，那些在60年前就比较乐于助人的青少年，在成年后通常会表现出如下特质。

- 社会成就更高。也就是说，在相似的家庭背景、智商水平等条件下，乐于助人的孩子长大后会比其他类似条件的人更容易成功。

- 具有更强的社会竞争力。这主要是因为帮助别人会提高一个人的情商，还能增强自信，锻炼与人打交道的能力，而这些都是衡量社会竞争力的关键因素。
- 生活习惯更好。比如，他们更少抽烟、酗酒，更关注身体健康，也会更积极地锻炼身体。
- 情绪更稳定。这一点非常重要，因为具有积极情绪的人，在面对各种困难时会更活跃、更乐观，也更敢于迎接挑战，所以得抑郁症的概率和自杀率也会更低。

总之，全世界多项研究表明，善良、乐于助人的孩子心理更健康，也更容易获得幸福的感受。科学家通过研究也发现，当我们在帮助、支持、安慰别人时，大脑里分泌多巴胺的奖赏中心腹侧纹状体的血液流量会增加，这说明助人行为促使大脑分泌了更多的多巴胺。多巴胺是一种大脑神经递质，主要负责传递兴奋及开心的信息，所以又被称为“快乐使者”。它会让我们获得全身心的愉悦感受。“助人者自助之”，这里面的“自助”指的就是获得强烈幸福感的自我驱动力。

善良，不是有求必应

很多人应该看过一部韩国电影《素媛》。这是一部根据真实案件改编的电影。电影中，8 岁的女孩素媛在下雨天的路上遇到了一位大叔。当大叔希望素媛帮他撑伞时，素媛虽然想拒绝，但最终还是答应了大叔，结果这一善行却给她带来了一生的噩梦。

我在前面已经提到，善良是一种积极的品格，可以让孩子的未来更幸福，更有竞争力，但是，无底线的善良和不加判断的助人行为往往也会成为坏人作恶的机会。

据报道，许多犯罪团伙都会假借找人帮忙的名义，把一些孩子骗到偏僻的地方实施犯罪行为。因此，我们既要保护孩子善良的天性，引导孩子做一些善事、善举，也要教育孩子学会保护自己，让孩子懂得善良也是有底线的。

我们如何教育孩子既能帮到别人，又不会伤害自己呢？对于这个问题，我有三个原则。

教孩子保持警惕

在平时，我们要告诉孩子正确的助人方法，以及哪些人可以帮助，哪些人不要帮。

比如，当陌生的大人向孩子求助，而且要求孩子到其他地方帮忙时，孩子就应该警惕起来。因为从逻辑上来说，身高、体能方面明显占优势的成年人，正常情况下是不需要特意找孩子帮忙的。所以我们要告诉孩子，任何需要离开熟悉的环境、离开父母视线的助人行为，都必须得到父母的同意后才可以去做，绝对不要私自去做。

教孩子辨别是否值得帮

面对外界的求助，我们要教孩子有自己的判断力，分清什么人、哪些行为是值得帮助的。对于劣迹斑斑的人，不但不应该帮助，还应该在适当的情况下予以惩罚。比如在考试时，有的同学希望抄孩子的试卷，拉孩子一起作弊，这样的忙就绝对不能帮。不仅不能帮，我们还要让孩子远离这种行为，如果遭到对方的威胁，就要勇敢地寻求老师的帮助。父母还要告诉孩子，正义是需要坚守的，智慧地维护正义也是必要的。

教孩子保护好自己的利益

帮助别人当然是好事，但也有前提，其中一个前提就是先保护好自己的利益，不能为了帮助别人而让自己蒙受巨大的损失。

比如，在孩子看到有人落水时，我们是希望孩子去救人，还是不救呢？我认为要这样教育孩子：如果孩子不会游泳，贸然下水救人，白白牺牲了自己还救不了别人；即使孩子会游泳，也可能因为体能有限，不懂得正确的施救方法等客观原因根本无法施救。在这种情况下，孩子贸然下水救人就是不理智的，正确的方法应该是大声地向周围的大人求助，请大人帮忙救人。

同时，我们还要教育孩子，在帮助别人时，还要注意保护好其他人的利益。比如，有的孩子在学校里搞小团体，欺负、隔离其他孩子，这就不是一种助人的善良行为。我们要教育孩子，如果有这样的团体找到他，希望孩子跟他们一起冷落甚至欺负某个同学，千万不要答应对方。

亚里士多德认为，每周做两个小时的好事就已经是很了不起的善行了。这虽然太过机械和绝对，但也给了我们一个很重要的提醒：我们不需要一直都做好事，永远只为别人活着，真正的善行是坚守自己的底线和原则，不会为了一己私利而做出伤害别人的事，也不会为了别人的利益而过度地压抑自己。有时，我们要教孩子学会对他人的请求说“不”，或者把求助的人介绍给其他真正能帮到他的人。要知道，如果你能力不够，或者十分勉强，不愿做某件事，还不得不去帮别人，很可能会害了对方，也害了自己。

德国著名育儿专家卡尔·威特（Karl Witte）在他的《卡尔·威特的教育》一书中就提到孩子助人的问题。当卡尔·威特发现儿子拿着自己的零用钱去帮助朋友时，他并没有立即做出反应。虽然他一直认为帮助别人是一种美德，也一直这样培养孩子的这一品质，但他认为，帮助别人有很多种方式，而且应该帮助那些值得帮助的人。他认为，教孩子认清身边的人，辨别事物的本质，才是最重要的。于是，他就去调查儿子帮助的人是谁。结果发现，儿子帮助的是一个父亲是个酗酒者的朋友，而且那个孩子借钱后，并没有按照当初承诺的那样，解决自己和弟弟、妹妹的学费问题，而是拿着钱去赌博了。

卡尔·威特弄清事情原委后，就建议儿子把钱要回来。他告诉儿子，他们是不值得帮助的人。一个不诚实且热衷于赌博的人，品格是有问题的。这样的人不但不能帮助，更不能与之为友，应该马上远离。

这也再一次提醒我们，与人为善应该有底线，对于那些不值得帮助的人要坚决拒绝。否则，孩子的善行就是在纵容对方的恶行。

拥有真、善、美的孩子是天使，保持孩子纯洁、善良的心灵也很重要，但我们也要让孩子了解生活中的许多真相，尽早帮助孩子认清世界的多面性。这样才能帮助孩子更加健康地成长，拥有更多的智慧和积极的品格。

如何培养孩子的善良品格

亚马逊创始人杰夫·贝佐斯是我普林斯顿大学的校友。2010年，在普林斯顿大学学士毕业典礼上，贝佐斯发表了一篇重要的演讲。

在演讲中，他追忆了自己的幼年岁月，讲述了自己如何在儿时懂得了“善良比聪明更难”的道理，并且分享了16年前自己决定放弃优厚的工作待遇、创建亚马逊的复杂心路历程。在这个演讲里，他鼓励年轻人要“追随内心的热情”。他认为，是一个个选择最终塑造了我们的人生，而这些选择中最不可或缺的因素就是拥有一颗善良的心。

贝佐斯的演讲中有这样几段话：

在我还是个孩子的时候，夏天总是在得州祖父母的农场度过。我帮忙修理风车，为牛接种疫苗，也做其他家务。每天下午，我们都会看肥皂剧，尤其是《我们的日子》。

我的祖父母参加了一个房车俱乐部，那是一群驾驶清风（Airstream）拖挂型房车的人，他们结伴游遍美国和加拿大。每隔几个夏天，我也会加入他们。我们把房车挂在祖父的小汽车后面，然后加入300余名清风房车探险者组成的浩荡队伍。

我爱我的祖父母，崇敬他们，也真心期盼这个旅程。大概在我10岁时的一次旅行，我照例坐在后座的长椅上，祖父开着车，祖母坐在他旁边，吸着烟。我讨厌烟味。

在那样的年纪，我会找各种借口做些估测或小算术。我会计算油耗还有杂货花销等鸡毛蒜皮的小事。我听过一个有关吸烟的广告，广告的大意是说，每吸一口香烟会减少几分钟的寿命，大概是两分钟。

无论如何，我决定为祖母做个算术。我估测了祖母每天要吸几支香烟，每支香烟要吸几口等，然后心满意足地得出了一个合理的数字。接着，我捅了捅坐在前面的祖母的头，又拍了拍她的肩膀，然后骄傲地宣称："每天吸两分钟的烟，你就少活九年！"

我清晰地记得接下来发生了什么，而那是我意料之外的。我本期待着小聪明和算术技巧能赢得掌声，但那并没有发生。相反，我的祖母哭泣起来。我的祖父之前一直在默默地开车，这时却把车停在了路边，走下车来，打开了车门，等着我跟他下车。

我惹麻烦了吗？我的祖父是一个智慧而安静的人，他从来没有对我说过严厉的话，难道这会是第一次？还是他会让我回到车上跟祖母道歉？我以前从未遇到过这种状况，因而也无从知晓会有什么后果。我们在房车旁停下来，祖父注视着我，沉默片刻，然后轻轻地、平静地说："杰夫，有一天你会明白，善良比聪明更难。"

今天我想对你们说的是，天赋和选择不同。聪明是一种天赋，而善良是一种选择。天赋得来很容易——毕竟它与生俱来，而选择则颇为不易。如果一不小心，你可能被天赋诱惑，这可能会损害你做出的选择。

是的，善良比聪明更难，它需要人们精心呵护。哈佛大学教育研究生院的心理学家理查德· 韦斯伯德（Richard Weissbourd）曾主持了一项名为“让爱普及”的项目，旨在帮助孩子成为充满爱心、懂得尊重和有责任心的人。这个项目的最新研究表明，许多父母并不知道如何将孩子培养成一个善良的人。

在参与该项目的孩子中，有 80% 的孩子认为，他们的父母更关注他们的学习成绩好不好，生活是不是快乐，而不是他们是否懂得关心别人。同时他们还认为，“我取得好成绩带给父母的自豪感”要三倍于“我在班里、学校里帮助别人带给父母的自豪感”。

然而，与各种成绩的好坏相比，孩子的品格培养对于孩子的成长更有意义。尤其是善良的品格，可谓人性中最美丽的光环。孩子就像一棵正在成长的小树，只有以与人为善为根基，才会茁壮成长。如果一个孩子缺乏善良的品格，不能给人以温暖和关爱，即使长大后集聪明、伶俐、力量于一身，也很难得到别人的尊重和社会的认可。所以，父母有责任和义务帮助孩子首先成为一个充满爱心、懂得尊重他人和富有责任感的人。

那么，我们怎样培养孩子善良的品格呢？具体来说，我建议父母尝试以下几个做法。

从帮助身边的人做起

说到帮助别人，很多人想到的助人为乐对象一定是陌生人。其实并不需要如此，在家里帮助爸爸妈妈做家务、照顾弟弟妹妹的生活学习等，都属于助人行为。“助人为乐”不一定是“助陌生人为乐”，能帮助自己身边的人，同样是一种值得肯定的行为。

孟子曰：“老吾老以及人之老，幼吾幼以及人之幼。”意思是说，先尊敬自己家的老人，然后再推广到别的老人身上；先爱护自己家的小孩，再推广到别的小孩身上。人的天性就是要分亲疏远近的，首先帮助自己的亲朋好友，也是人之常情。更何况，如今在公共场合做好事，帮助素不相识的人，或多或少会面临一些障碍乃至风险。所以，对于社会化程度不高、分辨力不强的孩子，鼓励他们从帮助自己的亲人、朋友做起，是非常重要的。这里父母需要特别注意的是，不要把孩子帮助大人做事当作理所应当，就像父母认为自己照顾孩子也是理所应当的一样。要为这两种理所应当建立一种价值感激的新习惯。父母为孩子做的事，要让孩子懂得这是父母爱他的体现，而不是想当然的。孩子在帮助父母做事时，父母一定要表现出对孩子价值的认可。只有这样，孩子才能学会把爱与感激首先留给自己最亲近的人，而不是把它们都留给陌生人。

助人为乐可以是很小的事

任何习惯的养成，都是从一点一滴的小事开始的，培养孩子善良的品格也是如此。正所谓“千里之行，始于足下”，我们可以告诉孩子，帮助身边的人以及陌生人经常做一些力所能及的事是有必要的。

比如，乘电梯时，看见有人手里提着东西，主动问他去几楼，帮他按下电梯按钮；在公共汽车上，看到老人、孕妇时主动让座；看见公共卫生间里水龙头没关，顺手把它关上；倒垃圾的时候，顺便把脚下的塑料袋等捡起来一起扔掉等。

这些虽然都是不起眼儿的小事，但“不积跬步，无以至千里；不积小流，无以成江海”。恰恰是通过身边的这些小事，才能让孩子养成帮助别人的好习惯，并让孩子从中体会到快乐及价值。久而久之，孩子就会将帮助别人逐渐内化为自己的一种行为习惯。

鼓励孩子给予他人情感支持

所谓情感支持，是指鼓励孩子在情感上给予别人理解、支持和鼓励等。比如，看到小伙伴伤心了，可以让孩子去安慰一下；爷爷奶奶过生日时，让孩子画一幅画给爷爷奶奶，祝他们生日快乐。有些孩子会把自己的零花钱省下来，在家人过生日时，买礼物送给他们，这当然让人欣慰和高兴，但在收到这份珍贵礼物的同时，我们也可以告诉孩子，给予别人情感支持有时候比物质上的给予、奖励等更重要。

尤其在现代社会，人们对情感的需要往往超过对物质的需要；反过来，我们付出情感时，也常常比付出物质更吝啬。因此，情感支持有时比物质支持更珍贵。让孩子明白这一点后，如果他仍然愿意为别人付出感情，那么他一定会成为一个善良的人。这是同理心，也是人类最伟大的积极天性。

父母做好行为示范的榜样

孩子总是会通过观察和模仿成人的行为来构建自己的行为方式，尤其是模仿他们最亲近和最尊重的人，如父母、老师等。所以要培养一个善良的孩子，父母首先要成为有爱心、有道德、有责任感的人，为孩子做好行为示范的榜样，让孩子模仿。这样不但可以起到立竿见影的效果，而且这种影响力在孩子身上也会更持久。

比如，当我们希望孩子能助人为乐时，我们就带头积极参加学校、社区里的一些义工活动。在这个过程中，我们可以给孩子适当分派一些任务，或是让孩子当小帮手。这就会增加孩子的价值感，让孩子觉得自己是有用的，同时也能得到更多想他人之所想、急他人之所急的机会。

需要注意的是，当我们在帮助别人时，一定要表现出内在的满足感，让孩子感受到你在帮助别人时内心是积极、快乐的，一直保持正向的情绪。这种间接的反馈也会影响孩子的情绪和行为。正如前面提到的那位折花的家长，她将如何面对自己的孩子？她什么时候才能学会尊重生命？我的学术助手当时对自己孩子表现出的爱，并不是一种“护犊子式”的浅薄的爱。他并没有代替孩子指责那位家长，而是鼓励孩子的行为，并且为孩子建立了对人性的希望。这才是父母应该做的事情。虽然我们有时候改变不了什么，但我们仍然要为孩子保留一颗珍贵的善良之心，以及关于善意的全部希望。

｜家庭游戏创设｜

我的助人行动清单

和孩子一起制订一份“助人行动清单”，然后每周末与孩子进行一次“助人行动回顾”。

首先，与孩子一起思考一下，自己在本周内都帮助了哪些人，或者做了哪些善良的举动。

接着，现场写下或简单地画出自己在本周内做过的 1~3 个助人行为，可以是帮助家人，也可以是帮助同学、朋友、老师等，然后签上自己的名字。

最后，和孩子分享彼此在做出这些助人行为时的想法，以及助人后的感受等，与孩子一起体会助人的快乐与愉悦。

第九章

“王者之力”

面向未来的核心竞争力

很多年轻人进入社会之后，虽然有能力，但不被人喜欢，为什么？从某种意义上讲，是因为他们缺乏“ACE 能力”，即“王者之力”。他们不能理解别人的感受，也不能被别人欣赏，更不愿意跟别人合作。久而久之，他们就很难获得社会的支持、关怀和照顾。反之，如果我们培养出来的孩子能够得到别人的赏识，也乐于赏识别人，能够与他人同甘共苦、共创辉煌，这样的能力显然就是社会特别需要的，也是 21 世纪特别重要的生存能力。

ACE+，做智能时代的佼佼者

在现代社会当中，高级知识分子越来越多，名牌大学毕业生越来越多，各个领域都涌入了大量的高学历人才。但是，他们真的可以胜任本职工作，发挥自己应有的能力吗？很多高才生参加工作后失去了学习的目标和动力，缺乏积极面对人生的态度，逃避工作中的挑战，追求安逸，过一天算一天。

在我看来，很大一部分原因就在于现在很多大学生缺乏积极的心理。导致这种境况的原因很多，其中非常重要的一个就是我们的教育理念还停留在农业社会，仍然过分关注孩子的分数，坚持“填鸭式”教育，“以成绩论英雄”。这种教育忽略了孩子的学习态度、思辨能力、创新能力，以及精进能力，导致孩子的能力、天赋得不到拓展。

更为严峻的是，随着人工智能的快速发展，在不久的未来，越来越多的职业将被人工智能取代，因为人工智能能更加高效、准确地完成相应的任务。人工智能虽然没有情感和自我意识，但是在智力方面远超人类，人类需要10年才能学完的知识，人工智能可能在几小时内就可以全部学完。这意味着，我们的孩子只有具备人工智能无法取代的能力，才可以在社会上获得更好的发展机会。

那么，有哪些能力是人工智能无法取代的呢？

诺贝尔生理学或医学奖获得者大卫·休伯尔（David Hubel）和托斯坦·维厄瑟尔（Torsten Wiesel）的研究表明，人类一般技能的掌握依靠的是低级脑细胞的活动，低级脑细胞主要负责具体信息的加工。高级脑细胞负责审美、共情、共鸣等功能，高级脑细胞的活动越多，人类的智慧程度就越高，情感就越积极，成就也越大。积极教育的目的正是培养活跃的高级脑细胞，让孩子具有更多的灵性、悟性、善意和更高的德行。

在对人类积极天性的研究中，我一直都提倡“ACE+”理论，它主要包括以下三个方面的内容。

审美感

A是指Aesthetic，即审美感，也就是能够看到别人看不到的东西，能够领悟别人领悟不到的东西，能够欣赏自然、社会和人的真、善、美。

著名画家、美术教育家吴冠中先生曾说：“今天的中国文盲不多了，但美盲很多。”由此可以看出，审美教育对一个孩子成长的重要性。具有良好审美观念和能力的孩子，往往会对事物具有强烈的好奇心，从而发现和挖掘出自身更多的潜质与兴趣。而在未来，一旦孩子在生活中感到孤单、失落时，也会依靠自己的兴趣找到生活的乐趣和意义，积极地面对逆境。

创造力

C 是指 Creative，即创造力，也就是能够分析问题、解决问题，创造新概念、新事物，想象未来、计划未来。

创造力是人类特有的一种能力，也是人们在创造性地解决问题过程中所表现出来的一种个性心理特征。具有创造力的孩子，往往可以运用一切自身所掌握的信息，用创造力思维解决问题。而未来的孩子要想体现自己的价值，就必须具备人工智能所不擅长的特质，创造力就是其中之一。

同理心

E 是 Empathic，即同理心、情感共鸣能力，也就是能够敏锐地感受并影响他人的感情，了解并理解他人的欲望和需求，善待他人，成人之美。

同理心是一项非常重要的技能，直接影响个体与外界所建立的关系。具有这项能力的孩子，往往更善于解决麻烦，表现出积极的社会行为，比如互相帮助、互相分享等，这也是孩子能够拥有良好人际关系、获得他人好感与信任的桥梁。

Aesthetic、Creative、Empathic 的首字母拼在一起，正好是一个英文单词 ACE，也就是“王牌、王者”的意思。这三项能力组合起来，也是人作为一种存在认识世界、参与世界、理解世界的全部内容。其中，审美感是根，创造力是茎，同理心是叶，而“+”则代表着以“ACE”为基础的人类其他品格优势与美德的补充，例如人道、公正、谦卑、审慎、感恩等，这些都是“花”。

积极心理学所提倡的，就是孩子要努力获得“ACE 能力”，即“王者之力”，这是人们发展、成熟、成功的种子，更是提高自己在未来竞争优势的终极武器。

从人类的终极意义来说，培养高级脑细胞的活动也是人类进化 6500 万年选择出来的竞争优势。达尔文提出人类的天性一定要符合两个特征：一是易于人类的生存，二是易于人类的繁衍。深入了解后可以发现，人类生存和繁衍选择的往往都是积极的天性。人类自从站立起来后，就喜欢堂堂正正、大大方方的品质，喜欢站高望远，喜欢伟大、崇高的事情。

所以，积极教育是更具有人性、更符合心理科学规律的教育，而积极教育所重视的，就是努力培养孩子的“ACE+”积极天性，让其成为积极而富有人格魅力的人。一些家长是幸运的，因为在他们的孩子还小或者还没有出生之前就看到了本书，理解了本书所提倡的积极天性教养法。但是，这并不意味着那些已经长大，或者个性已经养成的孩子无法改变自己。事实上，人类的积极天性伴随着人的整个生命过程，可以随时加以培养与锻炼，因为人是自然的人，人更是发展的人，人有着与动物不同的超级智慧与情感能力，这些使得人类可以在任何情况、任何条件下呼唤自己的灵性。在一个科学如此昌明的时代，我们有理由相信“人终有幸福”的祈望更加容易实现。

审美力：美的体验成就健康人格

从生物学角度来说，当人刚刚出生时，我们还无法建构概念与内容的思维范畴，只能通过基本的感官接触世界，包括用眼睛看物，用耳朵听声，用鼻子、舌头闻尝味道，用触觉感知环境等。这些感官刺激了我们大脑中相应的神经元，从而让我们能够建立对环境与环境里的人（也包括对自己的一些感受）的最初印象，这属于生存的最低要求。

哲学意义上的审美并不是如人们平常所说的那种可以欣赏或者定义哪种事物是美丽的、性感的等直接的感觉。哲学的审美首先是一种基于“生存下去”的生物自然选择偏好。存在是第一要求。

美，首先意味着“活下去的更好选择”，或者更有利于“存在”。甜的苹果、红彤彤的苹果，都意味着成熟的苹果，直觉上这种成熟的果实吃下去对人的生存更有利；带点儿涩的青菜，是不成熟或“生”的东西，吃下去也许不如熟的东西更利于生存。于是，在原始的意识中，人就形成了青菜不如甘甜的苹果“好吃”的观念。之所以形成一物比另一物更“好吃”的观念，最根本的原因还是来自生物存在感的最初层次——活下去的内在需求。

因此，我们经常会发现这样一种现象：小孩子大多喜欢吃甜食，不喜欢吃青菜。有些成年人认为孩子挑食，其实这种“挑食”并不是一个社会意义上的挑食，而是一种生物趋利避害天性的自然反射，也就是所谓“活下去的更好选择”。

同理，对幼儿（或者大多数成年人也是如此）来说，在他们内在意识中高大的物品、坚硬的物品等就象征着某种安全感——可以在大空间内躲避野兽或用坚硬的物品攻击野兽，也可以有更大的机会躲过自然灾害；而窄小封闭的空间也意味着安全，可以用藏匿的方式达到类似的生存目的。所以，小孩子喜欢在高大的物品与狭小的空间中跑来跑去，玩捉迷藏，这也是人类对于存在感中最基本的生存安全感的自然反射。

美，最初是让人们产生安全或者更多生存机会的那些颜色、形状、质地、线条、光线明暗等，保证人类基本生存的物质，在人类心理上才是亲近的。后来，这种让生存与繁衍变得更可靠的“安全”一步一步地演变成美丽、性感、结实、健壮等生活要素的评价。身型匀称的少女往往比老态龙钟的妇人更容易唤醒人类的感觉，因为少女比老妪有更大概率繁衍优质的后代，并且在面对危险时，由于生命力更强，行动更迅捷而更有生存的机会。所以，审美首先是生存选择，其次才是生活品位。

对于审美能力，中国青少年研究中心首席专家孙云晓曾有一个感悟：“不仅创新的基础和动力是审美，健康人格的培养也离不开审美。”很多父母认为，孩子就应该专注于学习，着装打扮、欣赏艺术那一套，长大后自然就懂了。然而从小缺乏审美能力，长大后又怎么会变成有审美能力的人呢？

更重要的是，审美能力是未来的一项非常重要的竞争能力。大量的心理学研究表明，人工智能可以对人类历史上的经验教训进行总结、升级，不断迭代，但是，审美这种抽象概念的能力却无法提升。至少到目前为止，在感悟情绪、欣赏美、创造美的能力上，人工智能是远远达不到人的水平的。比如，当我们走过一片水塘，看到水中的美景时，可能会想到“行到水穷处，坐看云起时”，但机器是做不到的；当我们看到边陲大漠中壮阔雄奇的景象时，会吟诵“大漠孤烟直，长河落日圆”，而任何机器目前同样达不到这种审美水平。

未来缺乏审美能力的孩子是没有竞争力的。这不仅在于审美能力可以让我们获得更多展现自己的机会，获得更多的尊重和关注，更重要的是，一个人只有由衷地喜爱自己、欣赏自己，才有足够的热情和力量接纳和迎接这个世界的美好，拥有一颗善良、坚定而温暖的心。因为审美首先要意识到自我之美，并且在今天这个已经摆脱物资匮乏的年代，人类也开始从物理社会进入心理社会。对幸福的感知、对社会的理解等对人越来越重要，必须换成新的语境，学会用美的感知和热爱抵挡空虚、乏味和无趣，从而陶冶自己的情操，培养积极进取的人生态度。社会的不断发展与社会交往范围的扩大，加之互联网信息与网络经济的崛起，传统的物资刺激已不太能够激发人们更强烈的幸福感。这时，那些软性要素，例如与美相关的艺术、文化、情境、氛围等便开始在人们的生活中占据越来越重要的位置。

那么，我们如何培养孩子的审美感呢？父母可以从以下几个方面引导孩子。

引导孩子发现和感受生活中的各种美

法国雕塑家罗丹曾经说过："生活中不缺少美，缺少的是发现美的眼睛。"父母要从日常生活入手，在孩子很小的时候，就引导他们多观察和发现生活中各种美好的事物，如颜色丰富的水果蔬菜、色彩斑斓的鲜花、姿态各异的小动物，或者带孩子到大自然接触、感受自然的美，欣赏大自然中的山川草木……

当孩子大一些后，可以带孩子去美术馆、艺术馆、博物馆等地方，用知识启迪孩子发现美、感受美和欣赏美的能力。

尊重孩子的意愿和选择

孩子一般从 2 岁起，就有了美的意识，比如他们会有自己喜欢穿的衣服、有自己喜欢的颜色等。对此，父母一定要抱着尊重的态度对待孩子，多给孩子一些选择权，不要强迫孩子必须遵循大人的选择和标准。因为真正的审美教育不是为了让孩子变成父母期待中的那样，而是让孩子明白：真正的美源于内心，真正的强大是接纳自己的任何模样。孩子只有遵循自己内心的样子，才会变得自信、大方，对生活有自己的想法和观点，从而形成积极、独立的人格特质。

鼓励孩子把自己想象成不同的人

父母要多鼓励孩子，学会从不同角度欣赏事物，不要只看事物的表象。如果孩子学会转换视角，打破常规，从不同角度欣赏事物，反而可以拥有更丰富的收获。

我们也可以鼓励孩子把自己想象成另外一个人，比如一个艺术家、一个音乐家、一个园艺师等，引导孩子从这些人的角度看事物、想问题，发现更多的美。

爱美、具有审美感的孩子骨子里都会洋溢着一种自信，所以培养孩子的审美感，其实也是在培养孩子的自信心。父母要给予孩子正确的引导，让孩子随时发现和体会生活中的美，更要激发他们对生活的热情和对生命的热爱，从而培养他们积极、阳光、自信的生活态度，使他们在未来更有竞争优势，获得更多的幸福感。

创造力：用自己的行动寻找答案

人们在获得生存基础之后，势必开始建立对世界的好奇。这种好奇集中体现在参与感与学习上，这也是人的天性。所谓参与世界，就是通过与世界上的万事万物产生直接或间接的联系，从而达成自己的某些期望。学习则是人为了更好地实现这种期望而必须进行的个体技能、经验的积累，这也是知识的起源。

人要与世界产生联系，获得参与感与完成学习目标，就必须运用一种与审美不同的工具，那就是创造力。审美是一种相对内敛的意识偏好，创造力则是一种十分外显的行为偏好。这其中的行为包括意识行为，也包括物理行为，总体上表现出一种人类与世界发生切实联系的渴望与动机。因此，创造力是人参与世界的核心能力与基础能力。一个缺乏创造力的人是无法很好地参与世界的。因此，特别需要强调的是：能够参与世界，必须首先建立起对于这个世界的认识，而这个认知能力最初来自审美。换句话说，当一个人根本意识不到这个世界的丰富内涵时，又何谈更好地参与呢？这就与“盲人摸象”的道理一样。

我国著名科学家钱学森先生曾经提出一个问题：为什么我们的教育难以培养出世界级的科学大师？为此，2009 年 9 月，清华大学专门成立了一个特殊的班级——清华学堂人才培养计划钱学森力学班（简称“钱班”），尝试回答“钱学森之问”。这个班的学生都是被寄希望成为中国乃至世界科技创新的领军人物。经过十多年的探索，这块“试验田”已经拔节孕穗，或许能给“钱学森之问”一些答案。其中，我所带领的清华大学心理学系也跟踪了“钱班”十余年，我们的研究工作也取得了很多有价值的成果。其中非常有意义的一项，就是我们发现那些在未来有更大成就的学生与精英，很大程度上都不只是通过超常的智力手段获得成功的。超常智力只占十分之一，还有很多其他能力是这些精英的必需能力，包括开放性、善意、意义感、勇气、毅力、感恩之心、好奇心、包容等，其中非常重要的一项就是创造力。

与“钱班”的研究结论相吻合，很多教育专家今天也一致认为，我们的教育方式更多培养的是孩子给出正确答案的能力，而缺乏对孩子寻找答案的丰富过程的启蒙，甚至包括对错误答案的探索能力，也就是关于创造力的培养。心理学家发现，这种“只寻找正确答案”的教育方式很容易对孩子的心理与认知造成局限与负面影响，其中最典型的就是考试焦虑和创造能力的下降。不擅长考试的孩子，很容易怀疑自己的能力，对应试之外的优点缺乏信心。这样一来，一些原本具有创造潜能的孩子就难以被发现，甚至还可能被贴上“差生”的标签。最终，由于一而再、再而三地遭受打击，他们就真的变成了问题学生。

有的父母可能认为，自己并不需要孩子成为科学家，做出轰轰烈烈的科技大发现，只希望孩子做个普通人，快快乐乐地过一辈子。我要告诉这些父母，孩子的日常生活同样需要创造力。

契克森米哈赖曾经提出“大创造力和小创造力”的概念。其中，大创造力指的是那些影响人类社会发展的创新，如牛顿、达·芬奇、爱因斯坦等人做出的贡献。但是，生活中还需要很多小创造力，就是当我们在生活或工作中遇到一些新的任务，或是不太容易完成的任务时，就要通过创造性思维与行动来应对这些挑战。

2008 年，我和我的学生苏珊娜·波利斯（Susanna Paltez）博士在前人的基础上，明确提出了创造力的二维度理论。我们认为，创造力是一种能够产生兼具新颖性和适宜性两大特征的产品的能力。由于新颖性的英文单词是 Originality，适宜性的英文单词是 Utility，我们就取这两个单词的首字母，组合起来称为“OU 效应”，给人一种恍然大悟的感觉。

其中，新颖性指的是从统计的角度看很稀罕，与其他人想到或做出的东西很不同，具有原创性及不可预知性，能够带给人惊喜。当然，新颖性具有不同的程度，有的产品可能与之前的产品差别不大，有的则可能会发生质的变化，大大领先于先前的产品。适宜性则指的是具备一定的功能，即它必须有用，能解决问题，最大限度地满足用户的需求。

创造力的产生需要把新颖性和适宜性结合在一起，缺一不可。当一件产品的新颖性和适宜性达到最大化时，我们就认为这件产品具有最大的创造力。所以，创造力其实就是人的思维的新颖性与适宜性的最大化，也称联想网络密度（Association Network Density）。

联想网络密度其实是可以通过大数据的方式来研究的，比如我们都留下了各种各样作品，如图书、演讲、微博、发言、表态等。通过这些不同方式的表达，我们可以探索一个人的表达方式和表达出来的内容是否具有创新特征。而根据联想网络密度，我们发现，很多具有创造力的人，他的表达用词往往比较广泛（不是总用一些常规的习惯性说法），同时，表达出来的内容逻辑清晰，联系紧密，比如很多科学家的联想网络密度就是非常紧密的。而有些人，甚至是某些明星，在表达时往往也会显得词汇贫乏，不仅表述内容分散，语言也无逻辑性，这就是缺乏创新的表现。

那么，父母要怎样培养孩子，才能让孩子将新颖性和适宜性结合起来，产生创造能力呢？我建议父母从以下 5 个方面入手。

培养孩子的敏感力

敏感力指的是一个人对事物细致入微的洞察力。比如，在遇到问题时，能够一下子抓住重点，发现缺漏，从而找到解决问题的着力点。

要培养孩子的敏感力，父母首先要改变习惯性的教育方式，有意识地打破常规。比如，在带孩子外出旅游时，经常变换一下地点，每次到一个新地方就鼓励孩子说说感想、感受等，看看孩子是否有什么新发现，或者跟孩子一起讨论一下这些新发现，交换彼此的想法。这样一来，孩子在成长的过程中就会更容易接受新鲜事物。

其次，多鼓励孩子深入地观察周围的事物，不要只看表面，可以观察别人没注意到的地方，并深入探究。比如，你可以带孩子到平时经常去的地方，让孩子观察一下是否有以前没注意到的细节，回家后鼓励孩子把观察到的东西记录下来，然后提出各自的发现进行讨论，让孩子明白，每个人看事物都有自己独特的视角，我们要尽可能地尝试从不同角度看事物，丰富我们的认知和经验。

同时，我们还要鼓励孩子养成主动学习新知识的习惯。孩子天生具有好奇心，有天马行空的想象力，喜欢问各种问题。有些父母觉得孩子的问题很无聊，不愿意回答，这就会打击和破坏孩子的好奇心。所以，我建议父母对孩子的问题多一些耐心，认真解答孩子的问题，保护孩子的好奇心，使孩子对学习新知识和探索新领域始终充满热情。

培养孩子的流畅力

流畅力是指在短时间内提出大量想法的能力。具有创造力的人，心智活动的特点是停滞少、流畅多，可以在较短的时间内表达出较多的观点，也就是我们常说的思维敏捷、点子多。

著名心理学家乔伊·保罗·吉尔福特（Joy Paul Guilford）就把流畅力作为创造力的一个重要测量标准，并经常采用单词联想的方法测量一个人的流畅力。比如，他会给人一些概念，要他写出所有能想到的类似的说法，比如“你好棒”有多少种说法、说出你能想到的所有圆形的东西等。

通常来说，流畅力训练可以分三个部分。

观念流畅力：就某个主题和观念想出不同事物的能力。例如，我们要求孩子迅速写出属于某种特殊类别的事物，如“半圆结构的物体”，答案包括拱形桥、降落伞、游泳帽等。

联想流畅力：能找出某个观念或与特定信息相关的想法。例如，我们要求孩子列举某一词的近义词，如“承担”，答案可能包括担负、承受、承当等。

表达流畅力：能用不同的表达方式组织自己的想法或观点的能力。例如，我们让孩子为考试成绩不理想找出原因，并具体说明；或者让孩子就某个名词列举出它代表或象征的所有可能的工作，如“灯泡”，答案可能有电气工程师、灯泡制造工、电工等。

在日常生活中，我们不妨运用以上方法与孩子进行互动，让他们在轻松愉快的氛围中迸发各种奇思妙想，提升他们的流畅力。

培养孩子的变通力

变通力是指能打破常规，变更自己的思维观念和做事模式，以便不断扩展自己的思维空间，从不同角度思考同一个问题，是一种举一反三的能力。凡是具有创造力的人，在思考问题时总能触类旁通，因而也会产生许多超常的构想，提出不同凡响的新观念。

吉尔福特曾提出一种“非常用途测验”，来测量学生的变通力。比如，要求学生在固定时间内指出“砖头”的不同用途。一般的学生可能会说出盖房子、垒围墙、修炉灶等功能，稍有创造力的学生可能会回答当板凳、打狗、磨镰刀、写字等，更富有创造力的学生则可能会说出压纸、支书架、钉钉子等具有变通性的答案。这就是变通力的一种体现。

我们在生活中可以经常与孩子玩一些类似的游戏，讨论一些常见物体的不同用途，或者设计一些不同的困难情境，鼓励孩子进行发散性思考，在潜移默化中锻炼孩子的变通力。

培养孩子的精进力

精进力是指在原有基础上加入一些新元素，以便丰富内容或增添趣味性，是一种心思缜密、凡事考虑周全的能力，以达到精益求精的目的。

很多创新的想法和行为在刚出现时往往都是不合常规的，所以有创造力的人还必须具备一种坚守精神，能够不断尝试、不断完善，以便获得更多人的认同。精进力强的孩子通常也具备这种遇到困难锲而不舍的精神。

“用途测试”游戏同样适用培养精进力，我们可以让孩子尽可能地列出某件物品的用途，刚开始回答很容易，越往后选项越少，越考验孩子的耐心、毅力和想象力。

培养孩子的想象力

想象力是人对大脑中已有记忆表象（印象）进行新的加工、改造、重组从而创造新形象的思维能力。也就是说，想象是在感知的基础上改造旧形象、创造新形象的心理过程。

要培养孩子的想象力，父母要随时随地注意启发孩子的发散性思维。比如，看到天上的白云时，就问孩子：“天上的白云看起来像什么？”或者想象一下生活中的某种场景，如：“如果小动物会开口说话，你打算跟它们说什么？”……通过这种发散性思维训练，提高孩子的想象力和处理问题的能力。

其次，鼓励孩子把现实中从未结合在一起的形象、属性、特性等在大脑中结合起来，以形成一些新的形象。比如，此刻孩子正坐在沙发上看电视，那就让孩子想象一下，如果电视长出了脚会怎样；或者台灯的灯泡镶在天花板上会怎样等。和孩子进行这种天马行空的想象，把目光所及的各种事物强行“拼接”在一起，不但会增加趣味性，还能在孩子心中埋下一颗突破常规的创造力种子。

通过以上几种培养创造力的方法可以看出，生活是最好的老师，通过丰富的生活经历和体验不但能增加孩子的学习兴趣，开拓孩子的思维，还能激发孩子的好奇心和想象力，从而帮助孩子成为一个思想积极、思维活跃且富有创造力的人。

同理心：建立良好的人际关系

所有父母都希望自己的孩子能健康、快乐地成长，上学后学习好、成绩好，多才多艺，但是对于孩子什么时候开始关心父母，能体谅父母的心情，为父母着想等，却可能不太在意。

关心、体谅他人的能力主要与同理心密切相关，它对孩子未来的人际关系、社会竞争力，甚至幸福感，都有着非常重要的影响。研究发现，缺乏同理心也是儿童自闭症的一个重要的诊断标准。因此，对孩子同理心的培养非常重要。

什么是同理心呢？就是指在能够区分自己和他人的情况下，感受他人的情绪，理解他人的想法，站在他人的角度替他人着想的能力。有些人将同理心理解为共情心，其实二者是略有区别的。共情多指两个人情感、情绪上的共鸣，也就是所谓的感同身受；同理心是对对方心理状态的理解，这其中不仅包括对方的情绪，还包括对方的思想、欲望和行动倾向，有时甚至包括对对方的担心、期望、希望他们更加快乐等。

简单来说，同理心就是将心比心，设身处地地对他人的情绪和情感产生认知性的觉知与理解。这是一种参与中（或者参与后）的理解。从逻辑上来讲，首先还是参与，在参与中形成经验与感受，这些经验与感受通过学习，一方面形成了我们的知识积累，另一方面则进入我们的情绪与心灵。因此，从这个逻辑意义上来讲，同理心是一种带有人类经验与情感的参与理解，是对事物发生现象、规律的总结与反思，也是对事物发生价值与意义的判断，这是原理性的思想。所以在汉语里，同理心也被称为“共情”。这意味着，当我们从最初单纯地认识世界、简单地参与世界到一定阶段后，一定会对这个世界的本质构成、运行规律、人在世界中的身份定位、人与世界应该具备何种关系等产生新的好奇。这种好奇仅仅通过审美与创造是不能完整达成的，它需要一种新的能力，这种能力就是共情力。

由于共情的存在，我们会为自己凭经验认知的世界赋予某种确定性；为我们的经验到达不了但意识可以到达的不确定赋予某种逻辑；为我们无论是经验还是意识上都不能确定又特别想确定的未知赋予信仰。于是，科学、哲学、宗教便成为人们共情这个世界的几个关键领域，并且反过来又指导人们对世界更进一步的审美与参与。同时，人类的社会生活与人性的彰显为我们添加了“伦理”思维以定义个体与这个世界共同的意义。

因此，同理心对于孩子未来人际关系的建立、社会竞争力的提高以及幸福感的感知等，都具有至关重要的意义。它甚至可以被认为是一切成就的营养液。如果观察一下身边的朋友，我们就会发现，那些有同理心的人（经常被人们说成“高情商的人”）通常更容易得到大家的喜爱与欢迎。

你刚刚买了一件价格不菲的衣服，高兴地与两个朋友分享。其中一个朋友看到后，说："你这衣服买贵了！上次我看到一件一模一样的，才是你这件一半的价钱！"接着，这位朋友又对你的衣服吐槽一番，完全不顾你此时的感受。

另一位朋友则不同，她认真地欣赏你的衣服，并且表示这款衣服很适合你，说如果她看到这件衣服，肯定也会心动并想买下来。这时，你一下子感觉好多了，甚至可能还会主动承认自己买贵了，有点儿后悔。

很显然，我们更愿意与后一位朋友交往，原因就在于她更有同理心。这样的人不但能很好地处理人际关系，还拥有为他人创造慰藉和幸福感受的能力。这种"被看见、被听见、被理解，以及需求得到回应"的感觉，正是我们每个人在人际关系中所需要的。所以，很显然，同理心也是孩子面对未来的一种重要的竞争优势。

其实，同理心是每个人与生俱来的能力。如果我们观察一下几个月大的婴儿，就会发现，当他们听到其他婴儿的哭声时，自己也会跟着哭起来。到了两岁后，孩子逐渐学会了区分自己和他人的想法、欲望和感受，所以在面对他人的不愉快时，他们不再只是跟着一起难过，而是想去了解别人的需要，希望更有效地帮助他们。随着语言、认知、抽象思维能力的发展，孩子的同理心也从原来以自我为中心的情绪感染，慢慢地转变为站在他人的角度替他人着想，试图理解他人的想法。此外，他们同理的范围也不再只限于身边的人和事，还会和故事中的角色，或是在其他地方遭受苦难的孩子产生共情。

比如，当孩子吃冰激凌时，爸爸看了他一眼，孩子可能就会停下来问：“爸爸，你也想吃吗？”这就是同理心的表现。别看这句话很简单，它其实正是我们人类同理心发展的里程碑。迄今为止，还没有哪种动物具有类似的表现，而人工智能也不可能主动问出这样的问题。所以，同理心是人类独一无二的本领，也是人类在21世纪不可或缺的一种能力。

大量的积极心理学研究也证明，同理心对我们的社会行为、利他倾向、人际关系的建设、感情的强化，以及整体的幸福感等，都有特别重要的意义和帮助。有人还说同理心是我们社会关系的基础，是最重要的文明特征。个别积极心理学家甚至认为，同理心会让世界变得更美好。

既然同理心如此重要，那我们怎样培养孩子的同理心呢？

这里我给父母几点建议，希望对你们有所帮助。

引导孩子关注他人的感受

当孩子做错事时，相信父母有各自的教育方法，比如训斥、体罚，取消他原本的权益，像不准出去玩、不准看电视等，但心理学研究发现，最有效的教育方法是和孩子一起讨论他所犯的错误，在讨论中指出他的行为对别人造成的影响。

比如，孩子在外面与小朋友打架，不少父母的第一反应是训斥：“你怎么跟小朋友打架呢？要好好跟小伙伴一起玩。”类似的指责很容易让孩子产生委屈甚至逆反心理。恰当的做法是先安抚孩子的情绪，等孩子的情绪恢复平静后，仔细询问孩子打架的原因，引导孩子关注对方的感受，如：“我知道你们都想要那个玩具，但你推倒了小明。小明摔了一跤，多疼啊！他受伤了，玩具也被你拿走了。如果是你，你会不会很伤心？”这种同理引导要比惩罚、威胁等更有效，可以让孩子从内心产生为自己的行为负责的意识。

所以，从孩子很小的时候开始，我们就要经常用类似的方法引导孩子，让孩子注意别人的感受和情绪，了解对方的需要，将心比心地站在对方的角度，为对方着想。这样做能让孩子学会站在别人的角度思考问题。慢慢地，孩子不需要提醒就会自然而然地考虑他人的感受了。

在生活中激发孩子的分享与奉献意识

在生活中激发孩子的分享与奉献意识，也能对孩子的未来行为施加影响。

比如，当孩子在媒体上看到一些贫困地区的小朋友吃不好、住不好的新闻时，我们就可以引导孩子思考一下：“如果是你，每天天不亮就要起床，走一个小时的山路才能到学校；早饭吃不饱，午饭也吃得很少，你会难过吗？”“如果他们可以像你一样，买很多零食、玩具，他们会不会很开心？”“如果大家都去帮助他们，他们是不是就不会这样难过了？”用这样的方式一步步鼓励孩子换位思考，激发他们的共情意识，也可以培养他们的同理心。

保护孩子的好奇心

孩子总是对世界充满好奇和疑问，保护好这颗好奇心，非常有助于修炼他们的同理心。

研究表明，很多同理心强的人对陌生事物的好奇心也很强。当孩子对他人抱有好奇心时，不仅会去了解他人的行为习惯，还会尝试了解别人的思考方式。心理学家就发现，如果父母多鼓励孩子参加一些团体游戏，如与其他人互动、过家家等，非常有助于培养孩子的同理心。因为在团队活动中，无论是正面的体验，还是负面的体验，都能让孩子知道人在这样的场景下会有什么行为表现，进而学会理解别人的情感、欲望和行动倾向。

和孩子一起欣赏文学和艺术作品

心理学家研究发现，经常阅读文学作品，或者欣赏艺术作品，如音乐、舞蹈、美术等，可以提升人的同理心。因为文学艺术作品的意境是需要我们用心理解和体会的，如马致远在《天净沙·秋思》中写道："枯藤老树昏鸦，小桥流水人家，古道西风瘦马。夕阳西下，断肠人在天涯。"短短28个字中无一个"秋"字，却生动形象地描绘了一幅秋郊落日图，让读者体会到作者凄苦的心境，这就是对自然界的同理心，中国文化称之为"慧眼禅心"。

欣赏文学与艺术作品与欣赏大自然一样，都需要慧眼禅心，就像我们在欣赏一朵花时，第一眼先看到这朵花是多么娇艳可人、亭亭玉立，然后闻到丝丝花香，最后闻到若有似无的泥土芬芳，才会感叹这朵花从一颗小种子到绽放，经历了怎样的一个过程。经常与孩子一起体会这种生命从萌芽到绽放的过程，同样也是培养和发展孩子慧眼禅心的过程。

另外，电影、电视的影响也不容小觑，父母可以为孩子挑选一些适当的电视节目，让孩子在娱乐放松的同时，学会理解他人，感受他人的情绪变化等。

总之，孩子在成长过程中需要同理心，需要学会共情，这样他们才能拥有感知他人、感知世界的能力。未来走向社会后，他们也更懂得与人相处的分寸和进退的度，能与周围的人和睦、舒服地相处，会把人际关系处理得十分妥当，也能从中体会到更多的成就感和幸福感。

| 家庭游戏创设 |

“王者”游戏

1. 欣赏多样的美

提前与孩子一起制订一个以“美”为主题的活动计划。

选择一个周末，和孩子一起到郊外踏青，或者参加一些有意义的活动等，其间拍摄一些照片，并尽量让照片涵盖不同类型和范围的“美”的事物，如大自然的景色、活动中的情景、令人意外的事件、场景等。

回到家后，和孩子一起欣赏这些照片，并让孩子介绍一下，为什么你欣赏这张照片、你感觉它美在哪里等，引导孩子学会欣赏不同的美，寻找生活中更多的快乐和意义。

2. 我是小记者

家长让孩子采访一下家人，问问他们的梦想是什么，他们为什么会产生这样的梦想等，然后把家人的梦想记在纸上。

家长请孩子站在台前，讲一讲他的采访情况，比如每个人的梦想都是什么、为什么会有这样的梦想、你对他们的梦想有什么想法等，鼓励和引导孩子思考梦想的意义。

让孩子谈谈自己的梦想，并引导他说一说自己为什么会有这样的梦想，他打算怎样实现梦想，如果这个梦想实现了，对他来说意味着什么等。

3. 我知道你的感受

家长与孩子面对面站立，家长为孩子用双手展示一个“人”字形状。

接下来，换孩子用双手展示，而孩子开始只会站在自己的角度看，展示出来的可能是“入”字。这时家长提示一下孩子，告诉孩子，你要的是“人”字，而不是“入”字。

鼓励孩子思考一下，如果站在家长的位置，想看到“人”字，孩子该怎样展示。以此让孩子明白，每个人所站的角度不同，看到、听到或对同一件事的想法都有所不同，从而让孩子学会以对方的角度考虑问题。

后记 积极教育 成就“王者”之路

经过几个月的努力，这本书的书稿终于完成了。其实从接触积极心理学以来，我心里就一直有个想法：希望能借助积极心理学的知识，对中国的家庭教育提出一些科学的建议。心理学家并不是教育专家，甚至在教育改革、教育实践方面还可能是个门外汉。但是，门外汉有时也可能对中国教育的发展、实践和创新提出一些新的观点，或者能从不同的角度给教育专家、教育界领导与从事教育工作的老师、家长一些启发与建议。

在本书中，我多次提到，孩子必须具备与他人交往、交流和交换的能力，这样才能更好地适应社会，同时也能推动社会不断地向前发展。

如何才能与他人正常、积极地交往呢？其实没有什么特别的秘诀，如果说一定有秘诀，那就是永远保持积极、阳光、美好、善良的心态。其实，良好的心态确确实实可以改变人生。

孟德斯鸠认为，商业世界的游戏规则不是斗野蛮、拼产品，也不是我们现在说的博弈、竞争、计较、吝啬。他认为，商业成功的秘诀只有一条——“讨人喜欢，让人快乐”。在充满快乐的地方，商业就发达；在商业发达的地方，能经常遇到快乐的人。这是他的名言，也是我们从大数据的研究中得出的基本规律——“无论他人要举出多少案例来说明成功的技巧，最重要的仍然是拥有积极开放的心态、友好的关系以及合作共赢的方式”。

要实现这个目的，就必须运用积极心理学的知识。很多人都认为，积极心理学研究的对象就是有心理疾病或心理障碍的人，这是对积极心理学的极大误解。人们之所以对积极心理学有这样的误解，是因为一直以来人们对心理学存在的意义似乎都停留在如何帮助人类解决痛苦上，却忽略了它帮助人们追求幸福、识别与培养人的天赋的作用。

事实上，如果我们回顾一下从 19 世纪后半叶到今天这段人类历史中发生的重大事件，就明白为什么心理学家会将更多的精力投入到解决人类痛苦的问题上了。

对心理学核心研究的忽略

首先，19 世纪后半叶，西方几乎完全从中世纪漫长的、被神性笼罩一切的阴云中走了出来。这主要得益于启蒙运动、地理大发现、工业革命与文艺复兴等。这些大事件之后，人类迅速进入科学时代与工业时代，进而又走进信息化时代与智能化时代。开放替代了封闭，理性打破了迷信，繁荣取代了落后，整个地球越来越联结为一个整体，而地球上的每个国家、每个人都不知不觉地成为一个全球网络中的结点。此时，一方面，人类面对科学、人文、进化与发展的狂欢；另一方面，人类又不得不在社会进化中面临更多的不确定性与未知。在这一过程中，人类天性中的趋利避害机制极大地亢奋起来。

其次，政治意义上的国家形成了最后的分化与固化，这不管是在东方，还是在西方，都是具有深远政治意义的一种历史大变化。如果说一两百年前的国家政权与政治版图一直在不断变迁，那么现在从整体上来说，国家的疆域与政治属性都明显稳定了许多，对于大国来说更是如此。稳定的局面，也让人类有机会进行现代化意义上的整体性大规模协作与交流。在这种交流中产生的矛盾与冲突、合作与协同，也必然成为人类共同的挑战与机遇。现代化的国家与现代化的生活中充斥着新的政治、新的经济、新的文化、新的风俗，这些都极大地丰富了人类的知识与经验，同时也极大地冲击着人们的认知与行为选择。好的一面是，人类正越来越适应这种状态，并自我感觉游刃有余；坏的一面是，人类在这种“自以为是的游刃有余”中迷失了对自然的敬畏之心。其结果就是，个体生活质量的确得到了提高，但整个人类的生存环境越来越恶劣。在这种矛盾中，人们的趋利避害机制再一次经受巨大的考验。

此外，两次波及全球的世界大战以及类似于阿富汗、叙利亚、亚美尼亚与阿塞拜疆等持续的小规模区域战争与内战，还有类似于SARS、H1N1、COVID-19等重大的传染疾病，也在影响人类历史的发展。一方面，它们可能给人类生活造成无法弥补的创伤；另一方面，它们再造了某些人、某些地区、某些国家与某些文化的新态势。

大时代变化造就的历史落差，文明与文化的矛盾冲突融合下的不确定性，战争与瘟疫的肆虐与破坏，人类生活的根本性改变等，都是过去这一百多年间人类所经历的巨大变动。在这些大变动中，人类从轴心时代开始沿袭了2000多年的“小国寡民”的生存心理遭遇了彻底颠覆。在这种心理颠覆与再造中，在这种生活撕裂与再造中，没有人能够置身事外，也没有人能够安之若素，每个人的身心都或多或少受到影响。

这就是过去一两百年间整个人类的现实。虽然对于某些个体来说，可能并没有因此而感受到太多的心理困扰，但从整个人类社会的发展来看，这段时间却是人类诞生以来从未经历过的生活大变革、大矛盾、大冲突、大融合、大再造的历史。在这个历史背景的“慢板”中，也隐藏着人类无所不在的恐惧、焦虑、困扰、纷乱、无助。

这些都是人类的心理创伤。

于是，与时代相呼应，大多数心理学家都将主要精力投到了“治疗人的精神或心理疾病”这个使命上，即致力于治疗和消除人们消极、负面的心理问题与心理侵害。事实上，心理学家在这方面也的确取得了不小的成就，就像塞利格曼在其著作《真实的幸福》

一书中提到的那样：“过去 50 年，心理学只关心一件事——心理疾病，而且做得还不错。因为我们可以测量抑郁症、精神分裂症、酗酒等过去认为是很模糊的问题，并能够做出相当精准的描绘。目前，我们已经知道这些问题是怎么发展出来的，包括它们的遗传因子、生物化学性以及心理成因。最重要的是，我们知道该怎么治疗这些疾病。根据统计，在几十种心理疾病中，已经有 14 种可能用药物及心理治疗方法进行有效医治（有两种是可以痊愈的）。”

的确，心理学家与心理学为修复过去一两百年间各种变动带给人类的心理创伤做出了巨大贡献，但这种贡献的代价却很高。其最大的代价就是导致大量心理学家忽略了对美好生活与造就精英这两个历史使命的投入，而被心理学家引领的心理学也成为一个被人们极大地“正确误解”的学科。事实上，人不仅要改正自己的错误或缺点，还要找出自己生存的优势与意义。让人激动的成就、全情的投入、积极的人际关系、不断超越的生命体验、澎湃的生命活力与坚忍不拔的挑战精神等，也是人类心理生活中极为重要的内容。这些让我们产生力量、产生动力、产生自我实现与对美好生活的无限向往与努力的伟大追求，就是积极心态。

积极教育铸造积极心态

要拥有积极心态，就离不开积极教育，是积极教育铸造了积极心态。

积极教育的核心特征是以实证主义的哲学观念为基础，与积极心理学的理论及实验结论相结合，进而形成一套系统的教育实践方法，它的理论基础、教育模式、课程设计、教学指导、实践活动、积极干预等内容，皆以实证、定量的心理学研究结论和证据为基础。因此，积极教育也极大地帮助教育工作者、心理学家有针对性地对各种教学课程进行反思、调整与提升。如塞利格曼所言：“我们传统的做法（心理治疗）如同在悬崖下放置急救车，挽救那些掉落山坡的人，但是积极教育所做的事情是在山上放置护栏，防止人们从山上掉下去。”如同传统中医文化所提倡的“上医治未病”，以及俗语“防患于未然”一样，积极教育通过增强孩子正向、积极、阳光的心理能量，来预防各种心理疾病的发生，并促使心理疾病自然疗愈。

全球积极教育大量实践及研究结果证明，积极教育可以提高孩子的幸福感，增强孩子的韧性、感恩等能力，并在一定程度上促进孩子学习成绩的极大提升。因为当一个人开始从事自己全然理解并喜欢的事情时，他的学习与工作效率都是最高的。这时，外在的压力自然转化为自我驱动力与活力。就学习而言，成绩与考上某所大学只是整个过程的结果，而不是目的。当教育环境摒弃唯结果论，把学习看作达成目标的过程之后，学习就不再是一种困难或者让学生很不愉快的挑战，而成为不断突破自己、获得成就感、获得更大信心的铺路石。

考虑到目前的大量不恰当的教育环境与教育观念导致孩子普遍存在一定程度的厌学心理和各种其他心理问题（抑郁、焦虑等），我们呼吁用积极教育的方法来解决这些问题。

在中国推广积极教育，关系到万千孩子的心理健康和终身成就，具有重大意义。积极教育不仅要在学校中开展，也要在家庭中进行。父母通过掌握一定的积极心理学知识，运用积极教育的方式应对孩子在成长过程中出现的各种问题，可以有效地激发孩子的自我效能感，发挥孩子的天赋优势，培养孩子的积极情绪、自控能力、专注力、创造力以及善良的品行等，从而帮助孩子形成积极、乐观、自信的品格，正确地面对生活和学习中出现的各种各样的挫折与困难。在本书中，你已读到这样的一些方法，我们也期待积极教育能够帮助老师与家长从人本的角度重新定义孩子与学习。

我们的孩子，是今天的孩子，也是未来的主人，更是开创更美好、更丰盛、更幸福的时代的建设者。人类就是在这样的逻辑中代代相继，薪火相传。

最后，祝愿每一个孩子都能健康、积极、乐观地成长，成为社会上真正具有竞争优势的“王者”，以阳光的心态迎接美好的未来和幸福的人生。我们也永远相信，现在就是最好的时代，比以往任何一个时代都好。未来一定是更好的时代，需要我们每一个人积极地感受、设计和创造。